RÉPUBLIQUE FRANÇAISE.

MINISTÈRE DE L'INTÉRIEUR.

DIRECTION DE LA SÛRETÉ GÉNÉRALE.

3.624

ÉTAT
FAISANT CONNAÎTRE LA RÉSIDENCE ACTUELLE
DES
PERSONNES ÉVACUÉES DE LA BELGIQUE.

(CE FASCICULE CONTIENT 4 LISTES.)

10ᵉ LISTE.

[illegible] (Joseph), de Falisolle, à Breteil, Ille-et-Vilaine.
[illegible] (Joseph), de Falisolle, à Breteil, Ille-et-Vilaine.
[illegible] (Jules), de Falisolle, à L'Hermitage, Ille-et-Vilaine.
[illegible] (Joseph), de Falisolle, à L'Hermitage, Ille-et-Vilaine.
[illegible] (Denise), de Leers-Fosteau, à Bonnemain, Ille-et-Vilaine.
[illegible] (Louis) et fam., de Châtelet, à Saint-Brisson, Loiret.
[illegible] (Joseph) et fam., de Châtelet, à Saint-Brisson, Loiret.
[illegible] (Marie), de Bouillon, à Châlette, Loiret.
[illegible] (Aline), de Bouillon, à Châlette, Loiret.
[illegible] (René), de Bouillon, à Châlette, Loiret.
[illegible] (Paul), de Bouillon, à Châlette, Loiret.
[illegible] (Louis), de Bouillon, à Châlette, Loiret.
[illegible] (Juliette), de Bouillon, à Châlette, Loiret.
[illegible] (Alphonse), de Bouillon, à Châlette, Loiret.
[illegible] (Jean), de Bouillon, à Châlette, Loiret.
[illegible] (Jules), de Bouillon, à Châlette, Loiret.
[illegible] (Raymond), de Châtelet, à Vern, Ille-et-Vilaine.
[illegible] (Alida), de Falisolle, à Argentré-du-Plessis, Ille-et-Vilaine.
[illegible] (Esther), de Falisolle, à Argentré-du-Plessis, Ille-et-Vilaine.
[illegible] (Céline), de Maissin, à Saint-Malo, Ille-et-Vilaine.
[illegible] (Jeanne), de Montigny-le-Tilleul, à Maure, Ille-et-Vilaine.
[illegible] (Arthur), de Montigny-le-Tilleul, à Maure, Ille-et-Vilaine.
[illegible] (Alfred), de Montigny-le-Tilleul, à Maure, Ille-et-Vilaine.
[illegible] (Edgard), de Farciennes, à Romillé, Ille-et-Vilaine.
[illegible] (Jacques), de Bruxelles, à Nice, Alpes-Maritimes.
[illegible] (Arthur), de Mettet, à Saint-Malo, Ille-et-Vilaine.
[illegible] (Julia), de Mettet, à Saint-Malo, Ille-et-Vilaine.
[illegible] (Alfred), de Thuin, à Châlette, Loiret.
[illegible] (Jacques), de Châtelineau, à Romillé, Ille-et-Vilaine.
[illegible] (Avoine), de Montigny-le-Roi, à Saint-Malo, Ille-et-Vilaine.
[illegible] (Flore), de Montigny-Saint-Christophe, à Guichen, Ille-et-Vilaine.
[illegible] (Joseph), de Corbion-Leignon, à Argentré-du-Plessis, Ille-et-Vilaine.
[illegible] (Melina), de Corbion-Leignon, à Argentré-du-Plessis, Ille-et-Vilaine.
[illegible] (Idalia), de Dinant, à Argentré-du-Plessis, Ille-et-Vilaine.
[illegible] (Madeleine), de Bruxelles, à Argentré-du-Plessis, Ille-et-Vilaine.
[illegible] (Robert), d'Houx, à Argentré-du-Plessis, Ille-et-Vilaine.
[illegible] (Augusta), d'Houx, au Pertre, Ille-et-Vilaine.
[illegible] (Jules), d'Houx, au Pertre, Ille-et-Vilaine.
[illegible] (Norbert), d'Houx, au Pertre, Ille-et-Vilaine.
[illegible] (Husmarine), de Couillet, à Sixt, Ille-et-Vilaine.
[illegible] (Théophile), d'Etchove, à Nassandres, Eure.
[illegible] (Laure), de Bouffioulx, à Bergerac, Dordogne.
[illegible] (Gustave) et enf., d'Ham-sur-Heure, à Libourne, Gironde.
[illegible] (Oscar), de Bruxelles, à Beausoleil, Alpes-Maritimes.
[illegible] (Marcel), de Bouffioulx, à Bergerac, Dordogne.
[illegible] (Marthe), de Bouffioulx, à Bergerac, Dordogne.
[illegible] (Jules), de Bouffioulx, à Bergerac, Dordogne.
[illegible] (Marie-Thérèse), d'Anvers, à Saint-Malo, Ille-et-Vilaine.
[illegible] (Antoine), de Chastre, à Quiers, Loiret.
[illegible] (Germaine), de Thuin, à Saint-Lunaire, Ille-et-Vilaine.

Belgique.

Bangard (Jules), de Thuin, à Saint-Lunaire, Ille-et-Vilaine.
Bourlet (Alice), de Châtelet, à Plélan-le-Grand, Ille-et-Vilaine.
Barbeaux (Thérèse), d'Auvelais, à Argentré-du-Plessis, Ille-et-Vilaine.
Barbiaux (Nicolas), de Dam-sur-Sambre, à Argentré-du-Plessis, Ille-et-V.
Barbiaux (Louisa), d'Auvelais, à Argentré-du-Plessis, Ille-et-Vilaine.
Barbiaux (Évariste), d'Auvelais, à Argentré-du-Plessis, Ille-et-Vilaine.
Barbiaux (Antoinette) et enf., d'Arsimont, à Loison-de-St-Germain, I.-et-V.
Barbier (Nicolas), Pussemange, à Rennes, Ille-et-Vilaine.
Barbier (Henri), de Longchamps, à Mézières, Ille-et-Vilaine.
Barré (Joseph), de Marcinelle, à Miniac-sous-Bécherel, Ille-et-Vilaine.
Bartholomy (Alexandre), de Pont-de-Loup, à Cardroc, Ille-et-Vilaine.
Bassé (Louis), d'Anvers, à Nice, Alpes-Maritimes.
Bastien (Amédée), d'Ohain, à Bais, Ille-et-Vilaine.
Bastien (Madeleine), d'Ohain, à Bais, Ille-et-Vilaine.
Bastien (Denise), d'Ohain, à Bais, Ille-et-Vilaine.
Bastien (Etienne), d'Ohain, à Bais, Ille-et-Vilaine.
Bastin (Lydie), de Bourlers, à Dingé, Ille-et-Vilaine.
Bastin (Léonie), de Momignies, à Bais, Ille-et-Vilaine.
Bastin (Désirée), de Bourlers, à Dingé, Ille-et-Vilaine.
Bastin (Marie), de Montigny-le-Tilleul, à La Quémeraye, Ille-et-Vilaine.
Baudelet (Jeanne) et enf., de Châtelet à Plélan-le-Grand, Ille-et-Vilaine.
Baudelet (Emile), de Châtelet, à Plélan-le-Grand, Ille-et-Vilaine.
Baudouin (Georges), de Pont-de-Loup, au Verger, Ille-et-Vilaine.
Baudot (Ladis), de Bouffioulx, à Cerdon, Loiret.
Baudot (Germaine), de Bouffioulx, à Cerdon, Loiret.
Baudot (Alice), de Bouffioulx, à Cerdon, Loiret.
Baudroux (Gustave), de Mettet, à Gaël, Ille-et-Vilaine.
Baudson (Arthur), de Montignies-St-Christophe, à Guichen, Ille-et-Vilaine.
Baudson (Elvire), de Montignies-St-Christophe, à Guichen, Ille-et-Vilaine.
Baudson (Odée), de Montignies-St-Christophe, à Guichen, Ille-et-Vilaine.
Baudson (Oliva), de Montignies-St-Christophe, à Guichen, Ille-et-Vilaine.
Baudum (Emma), de Montignies-St-Christophe, à Guignen, Ille-et-Vilaine.
Baufays (Gustave), de Falisolle, à Domloup, Ille-et-Vilaine.
Baufays (Laure), de Falisolle, à Domloup, Ille-et-Vilaine.
Baufays (Laure), de Falisolle, à Châteaugiron, Ille-et-Vilaine.
Baufays (Henri), de Falisolle, à Domloup, Ille-et-Vilaine.
Baufays (Henri), de Falisolle, à Châteaugiron, Ille-et-Vilaine.
Baugard (Auguste) et fam., de Thuin, à Saint-Lunaire, Ille-et-Vilaine.
Baugard (Léon), de Clermont, à Boismorand, Loiret.
Baugard (Louise), de Clermont, à Boismorand, Loiret.
Bauval (Pauline), de Thuin, à Garnay, Eure-et-Loir.
Bauval (Mariette), de Thuin, à Garnay, Eure-et-Loir.
Bauval (Eugène), de Thuillies, à Garnay, Eure-et-Loir.
Bauval (Victor), de Thuillies, à Garnay, Eure-et-Loir.
Bauval (Edmond), de Thuin, à Garnay, Eure-et-Loir.
Bauvens (Hector), de Couillet, à L'Hermitage, Ille-et-Vilaine.
Bauvens (Germaine), de Couillet, à L'Hermitage, Ille-et-Vilaine.
Bauvey (Jules), d'Erquelinnes, au Bosgouet, Eure.
Bayard (Louis), d'Ham-sur-Sambre, au Grand-Fougeray, Ille-et-Vilaine.
Bayenet et fam., de Thy-le-Château, à Courson, Calvados.

Bayot (Renilde), de Thuillies, à Boismorand, Loiret.
Bayot (Lise), de Thuillies, à Boismorand, Loiret.
Bayot (Jeanne), de Thuillies, à Boismorand, Loiret.
Bayot (Flora), de Thuillies, à Boismorand, Loiret.
Bazelle (Léonie) et fam., de Couvin, à Guignen, Ille-et-Vilaine.
Beaugard (Marie), de Thuillies, à Boismorand, Loiret.
Beaurain (Marie) et enf., de Jerpinnes, à Mouazé, Ille-et-Vilaine.
Beffaras (Léon), de Brissay-Choigny, à Corneville-sur-Risle, Eure.
Belgeonne (Léon), d'Acoz, à Saint-Malo, Ille-et-Vilaine.
Belgeonne (Vital), de Bouffioulx, à Saint-Malo, Ille-et-Vilaine.
Belle (Angèle), de Marcinelle, à Saint-Pern, Ille-et-Vilaine.
Benoit (Marie), d'Auvelais, au Verger, Ille-et-Vilaine.
Benoit (Zélie), d'Auvelais, à Bédée, Ille-et-Vilaine.
Benoit (Marie), de Pont-de-Loup, au Verger, Ille-et-Vilaine.
Berger (Jean), d'Anderlues, à Maure, Ille-et-Vilaine.
Berger (Palmyre), d'Anderlues, à Maure, Ille-et-Vilaine.
Berger (Laura), d'Anderlues, à Maure, Ille-et-Vilaine.
Bernier (Marie), de Séry-Mettet, à Saint-Médard-sur-Ille, Ille-et-Vilaine.
Bertrand (Éléonore), de Bertrix, à Hauches, Eure-et-Loir.
Bertrand (Mathilde), de Bouffioulx, à Cerdon, Loiret.
Bertrand (Camille), de Bouffioulx, à Cerdon, Loiret.
Bertrand (Léon), de Châtelet, à Plélan-le-Grand, Ille-et-Vilaine.
Bertrand (Paul), de Châtelet, à Gaël, Ille-et-Vilaine.
Bertrand (Olivier), de Châtelet, à Gaël, Ille-et-Vilaine.
Bertrand (Olivier), de Châtelet, à Plélan-le-Grand, Ille-et-Vilaine.
Bertrand (Geneviève), de Melins, à Vern, Ille-et-Vilaine.
Bertrand (Auguste), de Marchienne-au-Pont, à Saint-Malo, Ille-et-Vilaine.
Bertrand (Maria), de Châtelet, à Plélan-le-Grand, Ille-et-Vilaine.
Berghe (Van den) (Justine), de Mariembourg, à Saint-Malo, Ille-et-Vilaine.
Beuvier (Maria), de Farciennes, à Gaël, Ille-et-Vilaine.
Bila (Claire), d'Anderlues, à Maure, Ille-et-Vilaine.
Binon (Horace), de Couvin, à Planty, Aube.
Binon (Xavier), d'Auvelais, à Maure, Ille-et-Vilaine.
Binon (Nelly), d'Auvelais, à Maure, Ille-et-Vilaine.
Binon (Louis), d'Auvelais, à Maure, Ille-et-Vilaine.
Biot (Marthe), de Bouffioulx, à Châteaugiron, Ille-et-Vilaine.
Biro (Augusta), de Bouffioulx, à Saint-Aubin-d'Aubigné, Ille-et-Vilaine.
Biron (Augusta), de Cerdon, Loiret.
Biron (Cyprien) et fam., de Châtelet, à Saint-Brisson, Loiret.
Biron (Adhémar), de Bouffioulx, à Cerdon, Loiret.
Biron (René), de Bouffioulx, à Cerdon, Loiret.
Blain (Pulchérie), de Bouffioulx, à Gaël, Ille-et-Vilaine.
Blain (Victor), de Bouffioulx, à Gaël, Ille-et-Vilaine.
Blain (Justin) et fam., de Bouffioulx, à Gaël, Ille-et-Vilaine.
Blaize (Lorenza), d'Acoz, à Tardais, Eure-et-Loir.
Blaize (Fernand), d'Acoz, à Tardais, Eure-et-Loir.
Blémont (Pierre), de Bouffioulx, à Miniac-sous-Bécherel, Ille-et-Vilaine.
Blémont (Maria), de Châtelet, à Cardroc, Ille-et-Vilaine.
Blémont (Marguerite), de Châtelet, à Cardroc, Ille-et-Vilaine.
Blémont (Arthur), de Châtelet, à Cardroc, Ille-et-Vilaine.
Blain (Blanche), de Bouffioulx, à Gaël, Ille-et-Vilaine.
Blin (Léontine), d'Hautes-Wiheries, à L'Hermitage, Ille-et-Vilaine.
Blondeau (Alexandre) et fam., de Marcinelle, à Saint-Malo, Ille-et-Vilaine.
Blondeau (Camille), de Couvin, à Saint-Malo, Ille-et-Vilaine.
Blondiaux (Albert), de Mont-sur-Marchiennes, à Maure, Ille-et-Vilaine.
Blondiaux (Georges), de Mont-sur-Marchiennes, à Maure, Ille-et-Vilaine.
Blondiaux (Jules), de Mont-sur-Marchiennes, à Maure, Ille-et-Vilaine.
Bocard (Ferdinand) et fam., de Châtelet, à La Bussière, Loiret.
Bodart (Jules) et fam., d'Arsimont, à Sauvigues, Saône-et-Loire.
Bohems (Simonne), d'Ham-sur-Heure, à Guignen, Ille-et-Vilaine.
Bohems (Gaston), d'Ham-sur-Heure, à Guignen, Ille-et-Vilaine.
Bohems (Benoit) et enf., d'Ham-sur-Heure, à Guignen, Ille-et-Vilaine.
Bolle (Achille), d'Acoz, à Tardais, Eure-et-Loir.
Bolle (Léona), d'Acoz, à Tardais, Eure-et-Loir.
Bolle (Arthur), d'Acoz, à Tardais, Eure-et-Loir.
Bontemps (Marie), de Tricourt-Bonchy, à St-Ouen-de-Thouberville, Eure.
Bosseaux (Albert), d'Ham-sur-Heure, à Maure, Ille-et-Vilaine.
Bosseaux (André), d'Ham-sur-Heure, à Maure, Ille-et-Vilaine.
Boudart (Hunan), d'Erquelinnes, à Nantes, Loire-Inférieure.
Boulanger, de Metle, à Bernay, Eure.
Bousrez (Célestin), d'Ham-sur-Heure, à Guignen, Ille-et-Vilaine.
Bouté (Esther), de Dinant, à Saint-Symphorien, Eure.
Boutefeu (Frédéric), des Fosses, à Amanlis, Ille-et-Vilaine.
Boutefeu (Benjamin), des Fosses, à Amanlis, Ille-et-Vilaine.
Boutefeu (Marie), des Fosses, à Amanlis, Ille-et-Vilaine.
Boutefeu (Séraphine), des Fosses, à Amanlis, Ille-et-Vilaine.
Boutefeu (Juliette), des Fosses, à Amanlis, Ille-et-Vilaine.
Bouty (Marie), de Franchimont, à Châlette, Loiret.
Bouty (Félix), de Franchimont, à Châlette, Loiret.
Bouty (André), de Franchimont, à Châlette, Loiret.
Bouty (Marie), de Franchimont, à Châlette, Loiret.

Bourlon (Marie), de Couvin, à Planty, Aube.
Bourlon (Aline), de Couvin, à Planty, Aube.
Bourlon (Arthur), de Couvin, à Planty, Aube.
Bourlon (Léon), de Couvin, à Planty, Aube.
Bourlon (Léonie), de Couvin, à Planty, Aube.
Bourlon (Eugénie), de Couvin, à Planty, Aube.
Bouzin (Rosalie), de Couvin, à Saint-Malo, Ille-et-Vilaine.
Bouzin (Emile), de Couvin, à Saint-Malo, Ille-et-Vilaine.
Braseur (François), de Charleroi, à Cahaigues, Eure.
Brennet (Charles) et fam., de Farciennes, à Rennes, Ille-et-Vilaine.
Brennett (Charles), de Farciennes, à Romillé, Ille-et-Vilaine.
Bricbaux (Théophile) et enf., de Bouffioulx, à Etrelles, Ille-et-Vilaine.
Bricbaux (Julienne), de Bouffioulx, à Etrelles, Ille-et-Vilaine.
Brousmiche (Joseph) et fam., d'Yves-Gomézée, à Neuilly-Plaisance, S.-et-O.
Broye (Adèle), d'Auvelais, à Amanlis, Ille-et-Vilaine.
Bruyère (Joséphine), de Falisolles, à Breteil, Ille-et-Vilaine.
Bruyère (Jeanne), de Falisolles, à Breteil, Ille-et-Vilaine.
Bruyère (Yvonne), de Falisolles, à Breteil, Ille-et-Vilaine.
Bruyère (Irma), de Falisolles, à Breteil, Ille-et-Vilaine.
Bruyère (Hyacinthe), de Falisolles, à Breteil, Ille-et-Vilaine.
Bruyère (Louis), de Falisolles, à Rennes, Ille-et-Vilaine.
Bruyère (René), de Falisolles, à Breteil, Ille-et-Vilaine.
Bruyère (Fernand), de Falisolles, à Breteil, Ille-et-Vilaine.
Bruyère (Louise), de Falisolles, à Breteil, Ille-et-Vilaine.
Buchet (Marthe), de Civry, à Montcorbon, Loiret.
Buchet (Nestor), de Sivry, à Montcorbon, Loiret.
Bultot (Gabrielle), de Marbaix-la-Tour, à Guignen, Ille-et-Vilaine.
Bultot (Edgard), de Marbaix-la-Tour, à Guignen, Ille-et-Vilaine.
Bureau (Jules), de Châtelet, à Plélan-le-Grand, Ille-et-Vilaine.
Bureau (Léonie), de Châtelet, à Plélan-le-Grand, Ille-et-Vilaine.
Bureau (Jules), de Châtelet, à Plélan-le-Grand, Ille-et-Vilaine.
Bury (Berthe), de Montigny-le-Tilleul, au Sel, Ille-et-Vilaine.
Bury (Marcel), de Montigny-le-Tilleul, au Sel, Ille-et-Vilaine.
Bury (Raoul), de Montigny-le-Tilleul, au Sel, Ille-et-Vilaine.
Bury (Arthur), de Montigny-le-Tilleul, au Sel, Ille-et-Vilaine.
Buxin (Emilie), de Fleurus, à Muel, Ille-et-Vilaine.
Caillet (Augustine), de Thy-le-Château, à Heudreville-sur-Eure, Eure.
Calle (Téa), de Sivry, à Montcorbon, Loiret.
Calle (Aimée), de Sivry, à Montcorbon, Loiret.
Calle (Eric), de Sivry, à Montcorbon, Loiret.
Calle (Juliette), de Sivry, à Montcorbon, Loiret.
Calteau (Clémence), de Couvin, à Guignen, Ille-et-Vilaine.
Calteau (Simone), de Couvin, à Guignen, Ille-et-Vilaine.
Camarat (Clémence), d'Auvelais, à Maure, Ille-et-Vilaine.
Camberlain (Maria), de Malonne, à Louviers, Eure.
Carlier (Elléna), de Monceau-Imbrechies, à Saint-Malo, Ille-et-Vilaine.
Carlier (Norbert), d'Ham-sur-Heure, à Muel, Ille-et-Vilaine.
Carlier (Alfred), d'Ham-sur-Heure, à Lieuron, Ille-et-Vilaine.
Carlier (Valentine), d'Ham-sur-Heure, à Lieuron, Ille-et-Vilaine.
Carlier (Yvonne), d'Ham-sur-Heure, à Muel, Ille-et-Vilaine.
Carlier (Renée), d'Ham-sur-Heure, à Lieuron, Ille-et-Vilaine.
Carlier (Gustave), d'Ham-sur-Heure, à Muel, Ille-et-Vilaine.
Carlier (Hélène), d'Ham-sur-Heure, à Muel, Ille-et-Vilaine.
Carlier (Roger), d'Anderlues, à Maure, Ille-et-Vilaine.
Carlier (Raoul), d'Anderlues, à Maure, Ille-et-Vilaine.
Carlier (Octave), d'Anderlues, à Maure, Ille-et-Vilaine.
Carlier (Paul), d'Anderlues, à Maure, Ille-et-Vilaine.
Carlier (Maxime), d'Anderlues, à Maure, Ille-et-Vilaine.
Carlier (Georgette), d'Anderlues, à Maure, Ille-et-Vilaine.
Carlier (Georges), d'Anderlues, à Maure, Ille-et-Vilaine.
Carlier (Claire), d'Anderlues, à Maure, Ille-et-Vilaine.
Cario (Lise), de Montigny-le-Tilleul, à Cancale, Ille-et-Vilaine.
Carpin et fam., de Gozée, à Belleville-en-Caux, Seine-Inférieure.
Castiaux (Jean-Baptiste) et fam., de Gilly à Bédée, Ille-et-Vilaine.
Causse (Jean), de Bruxelles, à Mende, Lozère.
Causse (Adrien), de Bruxelles, à Mende, Lozère.
Causse (Joséphine), de Bruxelles, à Mende, Lozère.
Cayet (Marie), de Sivry, à Montcorbon, Loiret.
Cendron (Joseph), de Falisolles, à Breteil, Ille-et-Vilaine.
Chalmagne (Zénon), de Marbaix-la-Tour, à Pougny, Ain.
Chantaille (Julia) et enf., de Pont-de-Loup, à Gaël, Ille-et-Vilaine.
Chantraine (Etienne), de Châtelet, à Cardroc, Ille-et-Vilaine.
Chapeaux (Marie), de Falisolles, à Breteil, Ille-et-Vilaine.
Charlier (Théodore) et son épouse, de Fraire, à Servon, Ille-et-Vilaine.
Charles (Louis), d'Ham-sur-Heure, à Muel, Ille-et-Vilaine.
Charles (Léonard), de Falisolles, au Pertre, Ille-et-Vilaine.
Charles (François), de Falisolles, au Pertre, Ille-et-Vilaine.
Charles (Catherine), de Falisolles, au Pertre, Ille-et-Vilaine.
Charles (Marie), de Falisolles, au Pertre, Ille-et-Vilaine.
Charles (Marie), de Falisolles, au Pertre, Ille-et-Vilaine.
Charles (Emire), d'Ham-sur-Heure, à Muel, Ille-et-Vilaine.

Chavet (Jeanne), de Couvin, à Saint-Malo, Ille-et-Vilaine.
Chavet (Jean-Baptiste), de Couvin, à Saint-Malo, Ille-et-Vilaine.
Chavet (Charles), de Couvin, à Saint-Malo, Ille-et-Vilaine.
Clabot (Gustave), de Couillé, à Saint-Étienne, Loire.
Clabot (Céleste), de Couillé, à Saint-Étienne, Loire.
Clamot (Yvonne), de Falisolles, à Breteil, Ille-et-Vilaine.
Clamot (Joseph), de Falisolles, à Breteil, Ille-et-Vilaine.
Clamot (Emilia), de Falisolles, à Breteil, Ille-et-Vilaine.
Clercs (Maria), de Châtelet, à Tardais, Eure-et-Loir.
Cliffe (René), de Montigny-St-Christophe, à Guichen, Ille-et-Vilaine.
Cliffe (Pauline), de Montigny-St-Christophe, de Guichen, Ille-et-Vilaine.
Clippe (Joséphine), de Barbençon, à Eysines, Gironde.
Clobot (Marie-Antoinette), d'Ham-sur-Heure, à Maure, Ille-et-Vilaine.
Cogneaux (Louis), de Bouffioulx, au Neubourg, Eure.
Cogneaux (Emélie), de Bouffioulx, au Neubourg, Eure.
Cogneaux (Richard), de Bouffioulx, au Neubourg, Eure.
Cagneaux (Louise), de Bouffioulx, au Neubourg, Eure.
Colpaert (Jules), de Lobbes, à Breteil, Ille-et-Vilaine.
Colpaert (Yvonne), de Lobbes, à Breteil, Ille-et-Vilaine.
Collet (Servais), de Châtelet, à Roz-Landrieux, Ille-et-Vilaine.
Collart (Gustave), de Châtelet, à Roz-Landrieux, Ille-et-Vilaine.
Collart (Amanda), de Châtelet, à Roz-Landrieux, Ille-et-Vilaine.
Collart (Louise), de Bouffioulx, à Châteaugiron, Ille-et-Vilaine.
Collart (Louise), de Châtelet, à Roz-Landrieux, Ille-et-Vilaine.
Collart (Marie), de Châtelet, à Roz-Landrieux, Ille-et-Vilaine.
Collart (Charles), de Châtelet, à Saint-Brisson, Loiret.
Collard (Michel), de Châtelet, à Saint-Brisson, Loiret.
Collart (Alphonse) et enf., d'Aiseaux, à Sanvignes, Saône-et-Loire.
Comard (Mathilde), d'Auvelais, à Maure, Ille-et-Vilaine.
Comard (Joseph), d'Auvelais, à Maure, Ille-et-Vilaine.
Conreur (Esther), de Ragnies-le-Thuin, à Saint-Lunaire, Ille-et-Vilaine.
Coppin (Camille), de Mont-sur-Marchiennes, à Nice, Alpes-Maritimes.
Coppin (François), de Thuillies, à Boismorand, Loiret.
Coppée (Rose), de Thuillies, à Boismorand, Loiret.
Coppée (Paula), de Thuillies, à Boismorand, Loiret.
Coppée (Paul), de Thuillies, à Boismorand, Loiret.
Coppée (Joseph), de Thuillies, à Boismorand, Loiret.
Coppée (Elise), de Thuillies, à Boismorand, Loiret.
Coppée (Euphrasie), de Thuillies, à Boismorand, Loiret.
Coppée (Edmond), de Clermont, à Boismorand, Loiret.
Coquillart (Hector), de Grand-Reng, à Yzeures, Indre-et-Loire.
Coquillart (Bertha), de Grand-Reng, à Yzeures, Indre-et-Loire.
Coquillart (Paul), de Grand-Reng, à Yzeures, Indre-et-Loire.
Cordier (Elise), d'Auvelais, à Saint-Goulay, Ille-et-Vilaine.
Cornil (Marie), de Thuillies, à Boismorand, Loiret.
Cortembos (Andrée), de Marbaix-la-Tour, à Guichen, Ille-et-Vilaine.
Cortembos (Edma), de Marbaix-la-Tour, à Guignen, Ille-et-Vilaine.
Cortembos (Emile), de Marbaix-la-Tour, à Guignen, Ille-et-Vilaine.
Cortembos (Gabrielle), de Marbaix-la-Tour, à Guignen, Ille-et-Vilaine.
Cortembos (Louise), de Marbaix-la-Tour, à Guignen, Ille-et-Vilaine.
Cortembos (Richard), de Marbaix-la-Tour, à Guignen, Ille-et-Vilaine.
Coulon (Antoine), de Brudy-sur-l'Escaut, à Channay, Indre-et-Loire.
Coulon (Renée), de Chimay, à Ydes, Cantal.
Coulon (Thérèse), de Chimay, à Ydes, Cantal.
Coulon (Joseph), de Chimay, à Ydes, Cantal.
Coulon (Madeleine), de Chimay, à Ydes, Cantal.
Coulon (Régina), de Chimay, à Ydes, Cantal.
Coulon (Pierre), de Chimay, à Ydes, Cantal.
Cox (Edmond), de Malines, à Libourne, Gironde.
Crépillon (Georges), de Thuillies, à Boismorand, Loiret.
Crépillon (Auguste), de Thuillies, à Boismorand, Loiret.
Crépillon (Marcel), de Thuillies, à Boismorand, Loiret.
Crépillon (Maria), de Thuillies, à Boismorand, Loiret.
Crépillon (Mathilde), de Thuillies, à Boismorand, Loiret.
Crépillon (Sylvain), de Thuillies, à Boismorand, Loiret.
Crétinat (Camille), de Bouffioulx, au Grand-Fougeray, Ille-et-Vilaine.
Cultiau (Henriette) et enf., de Farciennes, à Gael, Ille-et-Vilaine.
Cyrille (Denis), de Cour-sur-Heure, à Châteaugiron, Ille-et-Vilaine.
Dagneau (Victoria) et enf., de Bouffioulx, à Estrelles, Ille-et-Vilaine.
Daguely (Julien), de Châtelet, à Pleumeleur, Ille-et-Vilaine.
Daille (Germaine), de Buvrinnes, à Rennes, Ille-et-Vilaine.
Dallebroux (Oliva), de Pont-de-Loup, à Gael, Ille-et-Vilaine.
Dalle (Ludivine), de Montignies-St-Christophe, à Guichen, Ille-et-Vilaine.
Dandoix (Joséphine), de Pont-de-Loup, à Gael, Ille-et-Vilaine.
Danday (Alfred), de Jumet, à Minihic-sur-Rance, Ille-et-Vilaine.
Dartus (Marie), de Gand, à Châteauneuf, Ille-et-Vilaine.
Dartus (Marthe), de Gand, à Châteauneuf, Ille-et-Vilaine.
Dasty (Alfred), de Crupet, à Cancale, Ille-et-Vilaine.
Dasty (Jules), d'Hastière, à Cancale, Ille-et-Vilaine.
Dasty (Julia), d'Hastière, à Cancale, Ille-et-Vilaine.
Dasty (Anna), d'Hastière, à Cancale, Ille-et-Vilaine.

Belgique.

Daubresse (Julia) et enf., de Farciennes, à Gael, Ille-et-Vilaine.
Daxhelet (Marie), de Strée, à Pleumeleuc, Ille-et-Vilaine.
Deblander (Marie), de Pont-de-Loup, à Maure, Ille-et-Vilaine.
Deblander (Gaspar), de Pont-de-Loup, à Maure, Ille-et-Vilaine.
Debliquit (Albert), de La Bouverie, à Guichen, Ille-et-Vilaine.
Debliquit (Eveline), de Montignies-Saint-Christophe, à Guichen, Ille-et-Vilaine.
Debliquit (Marie-Thérèse), de Montignies-Saint-Christophe, à Guichen, Ille-et-Vilaine.
Debliquit (Achille), de Montignies-Saint-Christophe, à Guichen, Ille-et-Vilaine.
Debliquit (Adèle), de Montignies-Saint-Christophe, à Guichen, Ille-et-Vilaine.
Debray (Suzanne), de Fontaine-Valmont, à Bonnemain, Ille-et-Vilaine.
Debray (Laure), de Farciennes, à Bonnemain, Ille-et-Vilaine.
Debray (René), de Fontaine-Valmont, à Bonnemain, Ille-et-Vilaine.
Debray (Arthur), de Lobbes, à Bonnemain, Ille-et-Vilaine.
Debaix (Martha), de Ham-sur-Heure, à Guignen, Ille-et-Vilaine.
Decamp (Philomène), de Quaregnon, à Saint-Briac, Ille-et-Vilaine.
Décamps (Joseph), de Couillet, à Merléac, Côtes-du-Nord.
Decamps (Martial), de Fontaine-Valmont, à Bonnemain, Ille-et-Vilaine.
Decamps (Jeanne), de Fontaine-Valmont, à Bonnemain, Ille-et-Vilaine.
Decamps (Arthur), de Fontaine-Valmont, à Bonnemain, Ille-et-Vilaine.
Decerf (Maurice), de Farciennes, à Gael, Ille-et-Vilaine.
Decorf (Emile), de Farciennes, à Gael, Ille-et-Vilaine.
Décot (Henri), de Quaregnon, à Vert-en-Drouais, Eure-et-Loir.
Decot (Gabrielle), de Quaregnon, à Vert-en-Drouais, Eure-et-Loir.
Defresne (Rachel), de Mouscron, à Nice, Alpes-Maritimes.
Defrise (Louise), d'Anderlues, au Grand-Fougeray, Ille-et-Vilaine.
Defrise (Marie), d'Anderlues, au Grand-Fougeray, Ille-et-Vilaine.
Defrise (Virgile), d'Anderlues, au Grand-Fougeray, Ille-et-Vilaine.
Defrise (Ida), d'Anderlues, au Grand-Fougeray, Ille-et-Vilaine.
Defrise (Joséphine), d'Anderlues, au Grand-Fougeray, Ille-et-Vilaine.
Defrise (Agnès), d'Anderlues, au Grand-Fougeray, Ille-et-Vilaine.
Defrise (Jean-Baptiste), d'Anderlues, au Grand-Fougeray, Ille-et-Vilaine.
Degoudinne (Catherine), de Dinant, à Saint-Symphorien, Eure.
Degraux (Edouard), de Bouffioulx, à Bergerac, Dordogne.
Degraux (Frantz), de Bouffioulx, à Bergerac, Dordogne.
Degraux (Alice), de Bouffioulx, à Bergerac, Dordogne.
Degueldre (Constance), de Givry, à Châlette, Loiret.
Dehant (Séverine), de Falisolle, à Breteil, Ille-et-Vilaine.
Dehoux (Blanche), d'Acoz, à Fontaine-le-Guyon, Eure-et-Loir.
Dehoux (Léopoldine), d'Acoz, à Fontaine-le-Guyon, Eure-et-Loir.
Dehoux (Félicien), d'Acoz, à Fontaine-le-Guyon, Eure-et-Loir.
Dehoux (Roger), d'Acoz, à Fontaine-le-Guyon, Eure-et-Loir.
Delanoy (Emile), de Quaregnon, à Licuron, Ille-et-Vilaine.
Delanoy (Emile), de Quaregnon, à Licuron, Ille-et-Vilaine.
Delanoy (Léopold), de Quaregnon, à Licuron, Ille-et-Vilaine.
Delaporte (Hermann), de Gand, à Monaco, Alpes-Maritimes.
Delarc (Edouard-François), de Marcinelle, à Cardroc, Ille-et-Vilaine.
Delarc (Liévin), de Marcinelle, à Cardroc, Ille-et-Vilaine.
Delarc (Sophie), de Marcinelle, à Cardroc, Ille-et-Vilaine.
Delatte (Joseph), de Ham-sur-Heure, à Maure, Ille-et-Vilaine.
Delattry (Adèle), de Bouffioulx, au Grand-Fougeray, Ille-et-Vilaine.
Delacroix (Rose), de Falisolle, à Châteaugiron, Ille-et-Vilaine.
Delarc (Ida), de Marcinelle, à Cardroc, Ille-et-Vilaine.
Delvigne (Antoine), d'Aisémont, à Rennes, Ille-et-Vilaine.
Delcroix (Yvonne), de Falisolle, à Châteaugiron, Ille-et-Vilaine.
Delcroix (Clément), de Falisolle, à Pincé-Guerrière, Ille-et-Vilaine.
Delcroix (Fernand-Florent), de Falisolle, à Châteaugiron, Ille-et-Vilaine.
Delcroix (Jeanne) et fam., de Gourdinne, à Domloup, Ille-et-Vilaine.
Delers (Victor), de Montignies-Saint-Christophe, à Guichen, Ille-et-Vilaine.
Delers (Georges), de Montignies-Saint-Christophe, à Guichen, Ille-et-Vilaine.
Delers (Marie) et enf., de Montignies-St-Christophe, à Guignen, Ille-et-Vilaine.
Delval (Gaston), de Bruxelles, à Saint-Malo, Ille-et-Vilaine.
Dellaux (Rose), de La Buissière, à Bonnemain, Ille-et-Vilaine.
Delvigne (Alfred), de Villers-Tamin, à Bédée, Ille-et-Vilaine.
Delvaux (Anna), d'Acoz, à Plélan-le-Grand, Ille-et-Vilaine.
Delescayé (Angèle), de Bouffioulx, à Saint-Pern, Ille-et-Vilaine.
Delcamp (Joséphine), de Frameries, à Fougères, Ille-et-Vilaine.
Delescayé (Léon), de Bouffioulx, à Saint-Pern, Ille-et-Vilaine.
Delorge (Marie), d'Auvelais, à Saint-Goulay, Ille-et-Vilaine.
Delposen (Auguste) et fam., d'Acoz, à Romillé, Ille-et-Vilaine.
Delplanche (Nicolas), de Recquignies, à Saint-Quentin, Indre-et-Loire.
Delplanche (Pauline), de Recquignies, à Saint-Quentin, Indre-et-Loire.
Delpire (Léopold), de Walcourt, à Vitré, Ille-et-Vilaine.
Delvaux (Zélie), de Falisolle, à Sainte-Marie, Ille-et-Vilaine.
Delvaux (Marthe), de Falisolle, à Bourg-de-Sainte-Marie, Ille-et-Vilaine.
Delvaux (Henri), de Falisolle, à Sainte-Marie, Ille-et-Vilaine.
Delvaux (Arthur), de Falisolle, à Sainte-Marie, Ille-et-Vilaine.
Delvaux (Arthur), de Falisolle, à Sainte-Marie, Ille-et-Vilaine.
Delsinc (Vital), de Beaumont, à Eysines, Gironde.
Delescaille (Gustave), d'Acoz, à Tardais, Eure-et-Loir.
Delpire (Léopold), de Walcourt, à Sours, Eure-et-Loir.

Delwarte (Marthe), de Bouffioulx, au Neubourg, Eure.
Delwarte (Emilia), de Bouffioulx, au Neubourg, Eure.
Delvaux (Georges), de Namur, à Cahaignes, Eure.
Delplace (Alphonse), de Hautes-Wiheries, à Bosgouet, Eure.
Deladrière (Louis), de La Bouverie, à Bernay, Eure.
Delfosse (Anna), de Clermont, à Boismorand, Loiret.
Delfosse (Maurice), de Clermont, à Boismorand, Loiret.
Delfosse (Nestor), de Clermont, à Boismorand, Loiret.
Delfosse (Léa), de Clermont, à Boismorand, Loiret.
Delfosse (Aline), de Clermont, à Boismorand, Loiret.
Delfosse (Alina), de Clermont, à Boismorand, Loiret.
Delfosse (Zénaïse), de Clermont, à Boismorand, Loiret.
Demierbe (Angèle), de Bouffioulx, à Argentré-du-Plessis, Ille-et-Vilaine.
Demierbe (Joseph), de Montigny-sur-Sambre, à Argentré-du-Plessis, I.-et-V.
Demierbe (Marcel), de Montigny-sur-Sambre, à Argentré-du-Plessis, I.-et-V.
Demierbe (Edouard) de Montigny-sur-Sambre, à Argentré-du-Plessis, I.-et-V.
Demierbe (Joséphine), de Montigny-sur-Sambre, à Argentré-du-Plessis, I.-et-V.
Demierbe (Eloy), de Bouffioulx, à Argentré-du-Plessis, Ille-et-Vilaine.
Demierbe (Léopold), de Mont-sur-Marchienne, à Argentré-du-Plessis, I.-et-V.
Denis (Marie) et fam., de Corbion, à Portet, Haute-Garonne.
Denis (Lucie), de Corbion, à Portet, Haute-Garonne.
Denis (Suzanne), de Corbion, à Portet, Haute-Garonne.
Denis (Claire), de Corbion, à Portet, Haute-Garonne.
Denis (Augustine), de Châtelet, à Tardais, Eure-et-Loir.
Denis (Maurice), de Châtelet, à Tardais, Eure-et-Loir.
Denis (Emile), de Châtelet, à Tardais, Eure-et-Loir.
Denis (Eugène), de Staw, à Gien, Loiret.
Denis (Scholastique), de Staw, à Gien, Loiret.
Denis (Sylvain), de Cour-sur-Heure, à Châteaugiron, Ille-et-Vilaine.
Denis (Sylvain), de Cour-sur-Heure, à Châteaugiron, Ille-et-Vilaine.
Denis (Mme), de Châtelet, à Vern, Ille-et-Vilaine.
Denis (Jean-Baptiste), de Cour-sur-Heure, à Châteaugiron, Ille-et-Vilaine.
Denis (Pierre), d'Auvelais, à Amanlis, Ille-et-Vilaine.
Denis (Victorine), d'Auvelais, à Amanlis, Ille-et-Vilaine.
Denis (Auguste), de Cour-sur-Heure, à Châteaugiron, Ille-et-Vilaine.
Denis (Louis), d'Auvelais, à Amanlis, Ille-et-Vilaine.
Denis (Juliette), de Mont-sur-Marchienne, à Guignen, Ille-et-Vilaine.
Denis (Léopold), de Châtelet, à Vern, Ille-et-Vilaine.
Denis (Hortense), d'Auvelais, à Amanlis, Ille-et-Vilaine.
Denis (Gustave), d'Auvelais, à Amanlis, Ille-et-Vilaine.
Denis (Ferdinand), d'Auvelais, à Amanlis, Ille-et-Vilaine.
Denis (Eva), de Cour-sur-Heure, à Châteaugiron, Ille-et-Vilaine.
Denis (Edmond) et fam., de Farciennes, à Romillé, Ille-et-Vilaine.
Deprez (Adoline), de Bailièvre, à Châlette, Loiret.
Dercq (Rosalie), d'Anderlues, à Moure, Ille-et-Vilaine.
Derouiter (Thérèse) et enf., de Châtelet, à Gaël, Ille-et-Vilaine.
Desabais (Marie), de Rance, à Meuhic-sur-Rance, Ille-et-Vilaine.
Deschamps (Léonie), de Momignies, à Bais, Ille-et-Vilaine.
Descamps (Joseph), de Haine Saint-Paul, à ..., Hautes-Pyrénées.
Desmanet (Léonce), de Bouffioulx, à Cerdon, Loiret.
Desmanet (Jean), de Bouffioulx, à Cerdon, Loiret.
Desmanet (Antoine), de Bouffioulx, à Cerdon, Loiret.
Desmanet (Marie), de Bouffioulx, à Cerdon, Loiret.
Desmoulin (Alexandre) et enf., de Ham-sur-Heure, à Gaël, Ille-et-Vilaine.
Desmoulin (Fernande), de Ham-sur-Heure, à Gaël, Ille-et-Vilaine.
Desmoulin (Germaine), de Ham-sur-Heure, à Gaël, Ille-et-Vilaine.
Desmoulin (Léonce), de Ham-sur-Heure, à Gaël, Ille-et-Vilaine.
Desoil (Désirée), de Montignies-Saint-Christophe, à Guignen, Ille-et-Vilaine.
Desoil (Ernest-Louis), de Montignies-St-Christophe, à Guignen, Ille-et-Vil.
Desoil (Sévère), de Montignies-Saint-Christophe, à Guignen, Ille-et-Vilaine.
Desoil (Victor), de Montignies-Saint-Christophe, à Guignen, Ille-et-Vilaine.
Desprès (Elise), de Ham-sur-Sambre, à Gaël, Ille-et-Vilaine.
Dessy (Anna), de Pont-de-Loup, au Verger, Ille-et-Vilaine.
Destrée (Alphonse), de Couvin, à Vitré, Ille-et-Vilaine.
Destrée (Elisa), de Couvin, à Vitré, Ille-et-Vilaine.
Destrée (Marie Claire), de Couvin, à Vitré, Ille-et-Vilaine.
Desvergnies (Aurélie), de Sivry, à Châlette, Loiret.
Detierre (Bertillia), de Châtelet, à Saint-Brisson, Loiret.
Detierre (Stéphanie), de Châtelet, à Saint-Brisson, Loiret.
Detrait (Arthur) et fam., de Barhençon, à Eysines, Gironde.
Detraux (François), d'Arsimont, à L'Hermitage, Ille-et-Vilaine.
Detraux (François), d'Arsimont, à L'Hermitage, Ille-et-Vilaine.
Detraux (Joséphine), d'Arsimont, à L'Hermitage, Ille-et-Vilaine.
Detrich (Frantz), d'Auvelais, à Saint-Goulay, Ille-et-Vilaine.
Detrich (Simonne), d'Auvelais, à Saint-Goulay, Ille-et-Vilaine.
Dethine (Marie), de Houx, au Pertre, Ille-et-Vilaine.
Devergnies (Alcidie), de Clermont, à Boismorand, Loiret.
Deverle (Anna), de Thuin, à Châlette, Loiret.
Devriendt (Isidore) et enf., de Louvain, à Veulettes, Seine-Inférieure.
Devillers (Féliza), d'Aiseau, à Saint-Malo, Ille-et-Vilaine.
Dewez (Léopold), de Châtelet, à Rennes, Ille-et-Vilaine.

D'houtt (Octave), d'Etibove, à Nassandres, Eure.
Dierichx (Henri), de Loverwald, à Gien, Loiret.
Dierichx (Alice), de Loverwald, à Gien, Loiret.
Dieudonné (Namêche), de Châtelet, à Saint-Brisson, Loiret.
Dineur (Thérèse), de Thuillies, à Boismoraud, Loiret.
Docquier (Lucien) et enf., de Chimay, à Rennes, Ille-et-Vilaine.
Dogot (Jules) et fam., d'Ausereuse, à Bourg, Gironde.
Dond (Georges), de Châtelet, à Vern, Ille-et-Vilaine.
Donmont (Anna), d'Ham-sur-Sambre, à Gaël, Ille-et-Vilaine.
Donmont (Catherine), d'Ham-sur-Sambre, à Gaël, Ille-et-Vilaine.
Donmont (Emile), d'Ham-sur-Sambre, à Gaël, Ille-et-Vilaine.
Donmont (Eléonore), de Falisolle, à L'Hermitage, Ille-et-Vilaine.
Donmont (Joseph), d'Ham-sur-Sambre, à Gaël, Ille-et-Vilaine.
Donmont (Ermine), d'Ham-sur-Sambre, à Bédée, Ille-et-Vilaine.
Doppler (Léon), de Farciennes, à La Chapelle-Thouaranet, Ille-et-Vilaine.
Dorange (Eva), de La Bouverie, au Grand-Fougeray, Ille-et-Vilaine.
Dorange (Louis), de La Bouverie, au Grand-Fougeray, Ille-et-Vilaine.
Dorange (Louis), de La Bouverie, au Grand-Fougeray, Ille-et-Vilaine.
Dorange (Marthe), de La Bouverie, au Grand-Fougeray, Ille-et-Vilaine.
Dorange (Maurice), de La Bouverie, au Grand-Fougeray, Ille-et-Vilaine.
Douille (Fernand), d'Yves-Gomezée, à Romillé, Ille-et-Vilaine.
Druart (Jacques) et fam., de Charleroi, à Saint-Briac, Ille-et-Vilaine.
Druart (Clotilde), de Marcinelles, à Muel, Ille-et-Vilaine.
Druart (Léontine), de Marcinelles, à Saint-Briac, Ille-et-Vilaine.
Druez (Valère) et son épouse, de Barhençon, à Eysines, Gironde.
Dropsy (Emile), de Briesmes-sous-Thuin, à Garnay, Eure-et-Loir.
Dropsy (Léa), de Briesmes-sous-Thuin, à Garnay, Eure-et-Loir.
Dropsy (Florence), de Briesmes-sous-Thuin, à Garnay, Eure-et-Loir.
Dropsy (Lucienne), de Briesmes-sous-Thuin, à Garnay, Eure-et-Loir.
Dropsy (Elise), d'Yves-Gomezée, à ..., Ille-et-Vilaine.
Dubisy (Mme), de Mettet, à Bernay, Eure.
Dubisy (Victor), de Mettet, à Bernay, Eure.
Dubisy (Henri), de Mettet, à Bernay, Eure.
Dubois (Camélia), de Couillé, à Saint-Etienne, Loire.
Dubois (Céline), de Couillé, à Saint-Etienne, Loire.
Dubois (Camille), de Couillé, à Saint-Etienne, Loire.
Dubois (Alphonsine), de Fontaine-Valmont, à Bonnemain, Ille-et-Vilaine.
Dubois (Emile), de Pont-de-Loup, à Rennes, Ille-et-Vilaine.
Dubois (Joséphine), de Pont-de-Loup, à Rennes, Ille-et-Vilaine.
Dubois (François) et enf., de Pont-de-Loup, à Rennes, Ille-et-Vilaine.
Dubois (François), de Pont-de-Loup, à Rennes, Ille-et-Vilaine.
Dubois et fam., d'Hanzinelle, à Cours, Nièvre.
Dubois et enf., de Charleroi, à Givors, Rhône.
Dubray (Léon), de Montigny-le-Tilleul, à Tourville-s.-Pont-Audemer, Eure.
Dubray (Jeanne), de Montigny-le-Tilleul, à Tourville-s.-Pont-Audemer, Eure.
Dubucq (Gabrielle), de Florennes, à Montcorbon, Loiret.
Ducœur (Catherine), d'Ham-sur-Sambre, à Bédée, Ille-et-Vilaine.
Ducœur (Elise), de Boussu-lez-Walcourt, à Guichen, Ille-et-Vilaine.
Duflot (Espérance) et enf., de Bouffioulx, à Saint-Pern, Ille-et-Vilaine.
Dufranc (Louisa), de Pâturages, à Mordelles, Ille-et-Vilaine.
Dufranc (Léna), de Quaregnon, à Licuron, Ille-et-Vilaine.
Dufranc (Félicité), de Quaregnon, à Licuron, Ille-et-Vilaine.
Duframme (Oscar), de Furnes, au Grand-Fougeray, Ille-et-Vilaine.
Dufour (Germaine), de Charleroi, à L'Hermitage, Ille-et-Vilaine.
Dufour (Georgette), de Charleroi, à L'Hermitage, Ille-et-Vilaine.
Dufour (Hélène), de Charleroi, à l'Hermitage, Ille-et-Vilaine.
Dufour (Louis), de Charleroi, à L'Hermitage, Ille-et-Vilaine.
Dufrasne (Armilde) et fam., de La Bouverie, à Carbon-Blanc, Gironde.
Dujardin (Noémie), de Couvin, à Saint-Malo, Ille-et-Vilaine.
Dumont (Mathilde), de Pont-de-Loup, au Verger, Ille-et-Vilaine.
Dumont (Léon) et fam., de Pironchamps, à Bazouges-la-Pérouse, Ille-et-Vil.
Dumont (Julia), de Pironchamps, à Bazouges-la-Pérouse, Ille-et-Vilaine.
Dumont (Gustave), de Pironchamps, à Bazouges-la-Pérouse, Ille-et-Vilaine.
Dumont (Gustave) et enf., de Pironchamps, à Bazouges-la-Pérouse, I.-et-V.
Dupont (Maurice), d'Aulnois, à Gasny, Eure.
Dupont (Charlotte), d'Aulnois, à Gasny, Eure.
Dupont (Jean), de Bouillon, à Givry, Saône-et-Loire.
Dupuis (Albert), de Clermont, à Boismorand, Loiret.
Dupuis (Aline), de Clermont, à Boismorand, Loiret.
Dupuis (Alexandre), de Clermont, à Boismorand, Loiret.
Dupuis (Elisa), de Clermont, à Boismorand, Loiret.
Dupuis (Mme), de Clermont, à Boismorand, Loiret.
Dupuis (Eva), de Clermont, à Boismorand, Loiret.
Dupuis (Fernand), de Clermont, à Boismorand, Loiret.
Dupuis (Hélène), de Clermont, à Boismorand, Loiret.
Dupuis (Lucie), de Clermont, à Boismorand, Loiret.
Dupuis (Léon), de Clermont, à Boismorand, Loiret.
Dupuis (Mariette), de Clermont, à Boismorand, Loiret.
Dupuis (Vital), de Clermont, à Boismorand, Loiret.
Duquesne (Oscar), de Furnes, au Grand-Fougeray, Ille-et-Vilaine.
Durand (Jean-Baptiste), de Châtelet, à Saint-Brisson, Loiret.

Duterne (Clovis), de Sivry, au Neubourg, Eure.
Duterne (Aline), de Sivry, au Neubourg, Eure.
Duterne (Armand), de Sivry, au Neubourg, Eure.
Duterne (Adolphe), de Sivry, au Neubourg, Eure.
Dutry (Nestor), de Thuillies, à Boismorand, Loiret.
Duval (Louis), de Beaumont, au Neubourg, Loiret.
Duval (Idorie), de Beaumont, au Neubourg, Loiret.
Duval (Marie), de Beaumont, au Neubourg, Eure.
Duval (Georgette), de Beaumont, au Neubourg, Eure.
Duval (Léona), de Beaumont, au Neubourg, Eure.
Duvel (Denise), de Furnes, à Châlette, Loiret.
Duvel (Alice), de Furnes, à Châlette, Loiret.
Duvell (Louis), de Buscamp, à Châlette, Loiret.
Duvivier (Anselme), de Bouffioulx, à Bergerac, Dordogne.
Duvivier (Émile), de Bouffioulx, à Bergerac, Dordogne.
Duvivier (Nelly), de Bouffioulx, à Bergerac, Dordogne.
Duvivier (Augusta), de Bouffioulx, à Bergerac, Dordogne.
Duvivier (Alice), de Bouffioulx, à Bergerac, Dordogne.
Duvivier (Marguerite), de Bouffioulx, à Bergerac, Dordogne.
Duwez (Maria), de Couvin, à Planty, Aube.
Duwez (Ernest), de Lillois, à Planty, Aube.
Duwez (Florian), de Couvin, à Planty, Aube.
Duwez (Julma), de Couvin, à Planty, Aube.
Duwez (Léopold), de Lillois, à Planty, Aube.
Éleringer (Élise), de Bouffioulx, au Neubourg, Eure.
Éleringer (Edmond), de Bouffioulx, au Neubourg, Eure.
Émile, de Gozée, à Garnay, Eure-et-Loir.
Emond (Mélina) et enf., de Bouillon, à Givry, Saône-et-Loire.
Enocq (Irma), de Fontaine-Valmont, à Bonnemain, Ille-et-Vilaine.
Enocq (Victorien), de Fontaine-Valmont, à Bonnemain, Ille-et-Vilaine.
Ernoul (Adolphine), de Thuin, à Bonnemain, Ille-et-Vilaine.
Evrard (Gabrielle), de Falisolle, à Tardais, Eure-et-Loir.
Evrard (Félix), de Châtelet, à Roz-Landrieux, Ille-et-Vilaine.
Evrard (Félix), de Châtelet, à Roz-Landrieux, Ille-et-Vilaine.
Evrard (Albert), de Châtelet, à Roz-Landrieux, Ille-et-Vilaine.
Fadeur (Louis), d'Auvelais, à Saint-Goulay, Ille-et-Vilaine.
Fadeur (Georges), d'Auvelais, à Saint-Goulay, Ille-et-Vilaine.
Fadeur (Ghislaine), d'Auvelais, à Saint-Goulay, Ille-et-Vilaine.
Fadeur (Marie), d'Auvelais, à Saint-Goulay, Ille-et-Vilaine.
Fadeur (Adrien), d'Auvelais, à Saint-Goulay, Ille-et-Vilaine.
Falesses (Désiré), de Châtelet, à Romillé, Ille-et-Vilaine.
Falesses (Camille), de Châtelet, à Romillé, Ille-et-Vilaine.
Fauch (Antoine), de Pont-de-Loup, au Verger, Ille-et-Vilaine.
Fauch (Jacques), de Pont-de-Loup, au Verger, Ille-et-Vilaine.
Fauconnier (Désiré), de Pont-de-Loup, au Verger, Ille-et-Vilaine.
Fayt (Laure), de Hautes-Wiheries, à Saint-Malo, Ille-et-Vilaine.
Fayt (Maria) et enf., de Hautes-Wiheries, à Saint-Malo, Ille-et-Vilaine.
Fayt (Carmen), de Solre-sur-Sambre, à Saint-Malo, Ille-et-Vilaine.
Feneaux (Anatole), de Châtelet, à Vern, Ille-et-Vilaine.
Feneaux (Mariette), de Châtelet, à Vern, Ille-et-Vilaine.
Feneaux (Maurice), de Châtelet, à Vern, Ille-et-Vilaine.
Fermense (Alfred), de Pont-de-Loup, à Cardroc, Ille-et-Vilaine.
Fiévet (Jules), de Mariembourg, à Saint-Malo, Ille-et-Vilaine.
Fiévet (Germaine), de Mariembourg, à Saint-Malo, Ille-et-Vilaine.
Fiévet (Madeleine), de Mariembourg, à Saint-Malo, Ille-et-Vilaine.
Fiévet (Jules), de Mariembourg, à Saint-Malo, Ille-et-Vilaine.
Flamant (Léon), de Châtelet, à Mont-Dol, Ille-et-Vilaine.
Flamant (Henri), de Châtelet, à Mont-Dol, Ille-et-Vilaine.
Flamant (Georges), de Châtelet, à Mont-Dol, Ille-et-Vilaine.
Fléron (Stéphane), de Pâturages, à Mordelles, Ille-et-Vilaine.
Fléron (Louis), de Pâturages, à Mordelles, Ille-et-Vilaine.
Fonder (Zoé), d'Yves-Gomezée, à Vitré, Ille-et-Vilaine.
Fonder (Robert), de Couvin, à Vitré, Ille-et-Vilaine.
Fonder (Léon), de Couvin, à Vitré, Ille-et-Vilaine.
Fonder (Aline), de Couvin, à Vitré, Ille-et-Vilaine.
Fontaine (Mariette), de Gosselies, à Minihic-sur-Rance, Ille-et-Vilaine.
Fondu (François), de Pont-de-Loup, à Cardroc, Ille-et-Vilaine.
Fontaine (Céleste), de Bertrix, à Saint-Malo, Ille-et-Vilaine.
Fontaine (Raymond), d'Acoz, à Saint-Malo, Ille-et-Vilaine.
Courmeaux (Anselme), de Thuillies, à Garnay, Eure-et-Loir.
Courge (Lisa), de Bourlers, à Dingé, Ille-et-Vilaine.
Courge (Paul), de Bourlers, à Dingé, Ille-et-Vilaine.
Courmaux (Julia), de Thuillies, à Garnay, Eure-et-Loir.
Fourmeaux (Marcel), de Thuillies, à Garnay, Eure-et-Loir.
Fourmeaux (Paulin), de Thuillies, à Garnay, Eure-et-Loir.
François (Léandre) et fam., de Bruxelles, à Nice, Alpes-Maritimes.
Francotte (Mariette), d'Auvelais, à Saint-Germain-sur-Ille, Ille-et-Vilaine.
Francotte (Marie), d'Auvelais, à Saint-Germain-sur-Ille, Ille-et-Vilaine.
Francotte (Marcelin), d'Auvelais, à Saint-Germain-sur-Ille, Ille-et-Vilaine.
Francotte (Léa), d'Auvelais, à Saint-Germain-sur-Ille, Ille-et-Vilaine.
Francotte (Julia), d'Auvelais, à Saint-Germain-sur-Ille, Ille-et-Vilaine.
Francotte (Joseph), d'Auvelais, à Saint-Germain-sur-Ille, Ille-et-Vilaine.
Francotte (Joséphine), d'Auvelais, à Saint-Germain-s.-Ille, Ille-et-Vilaine.
Francotte (Jules), d'Auvelais, à Saint-Germain-sur-Ille, Ille-et-Vilaine.
Francotte (Joseph) et enf., d'Auvelais, à Saint-Germain-s.-Ille, Ille-et-Vil.
Francotte (Georges), d'Auvelais, à Saint-Germain-sur-Ille, Ille-et-Vilaine.
Francotte (Gabriel), d'Auvelais, à Saint-Germain-sur-Ille, Ille-et-Vilaine.
Francotte (Camille), d'Auvelais, à Saint-Germain-sur-Ille, Ille-et-Vilaine.
Francotte (Augustine), d'Auvelais, à Saint-Germain-sur-Ille, Ille-et-Vilaine.
Francotte (Angèle), d'Auvelais, à Saint-Germain-sur-Ille, Ille-et-Vilaine.
Francotte (Alfred), d'Auvelais, à Saint-Germain-sur-l'Ille, Ille-et-Villaine.
Francotte (Mathilde), d'Auvelais, à Saint-Germain-sur-l'Isle, Ille-et-Viaine.
Francotte (Victor), d'Auvelais, à Saint-Germain-sur-l'Isle, Ille-et-Vilaine.
Francotte (Maurice), d'Auvelais, à Saint-Germain-sur-l'Isle, Ille-et-Vilaine.
Francotte (Victor), d'Auvelais, à Saint-Germain-sur-l'Isle, Ille-et-Vilaine.
Frère (Alexandre), de Gilly, à Bédée, Ille-et-Vilaine.
Frippart (Marie), de Florennes, à Saint-Pern, Ille-et-Vilaine.
Frippart (Camille), de Florennes, à Saint-Pern, Ille-et-Vilaine.
Frisson (Anna), de Falisolle, au Pertre, Ille-et-Vilaine.
Frings (Martin), de Châtelet, à Gaël, Ille-et-Vilaine.
Frings (Henri), de Châtelet, à Gaël, Ille-et-Vilaine.
Freings (Leva), de Châtelet, à Gaël, Ille-et-Vilaine.
Gaignaux (Léopold), de Baillonville, à Bonnemain, Ille-et-Vilaine.
Gaillard (Mme), d'Aisemont, à St-Sulpice-de-Graimbonville, Ille-et-Vilaine.
Gamara (Joséphine), d'Arsimont, à Argentré-du-Plessis, Ille-et-Vilaine.
Gamara (Louis), d'Arsimont, à Argentré-du-Plessis, Ille-et-Vilaine.
Gamara (Fernand), d'Arsimont, à Argentré-du-Plessis, Ille-et-Vilaine.
Gamara (Marie), d'Arsimont, à Argentré-du-Plessis, Ille-et-Vilaine.
Gamara (Léon), d'Arsimont, à Argentré-du-Plessis, Ille-et-Vilaine.
Gamara (Marie), d'Arsimont, à Argentré-du-Plessis, Ille-et-Vilaine.
Gamara (Joséphine), d'Auvelais, à Argentré-du-Plessis, Ille-et-Vilaine.
Gamara (Alexandre), d'Auvelais, à Argentré-du-Plessis, Ille-et-Vilaine.
Gamara (Maria), d'Arsimont, à Argentré-du-Plessis, Ille-et-Vilaine.
Gaufier (Victorine), de Quaregnon, à Lieuron, Ille-et-Vilaine.
Geeroms (Joseph), de Loth, à . . . ., Hautes-Pyrénées.
Gérard (Françoise), de Gerpinnes, à La Villéon-en-Comblessac, Ille-et-Vilaine.
Gérard (Nestor), de Thuillies, à Boismorand, Loiret.
Gérard (Louis), de Thuillies, à Boismorand, Loiret.
Gérard (Angèle), de Couvin, à Vitré, Ille-et-Vilaine.
Gérard (Eugène), de Falisolle, à Breteil, Ille-et-Vilaine.
Gérard (Augustine), de Rochehaut, à Unienville, Aube.
Gérard (Théodule), à Thuillies, à Boismorand, Loiret.
Geréné (Joseph) et fam., de Borgerhout, à Lourdes, Hautes-Pyrénées.
Guslin (Jules), de Pont-de-Loup, au Verger, Ille-et-Vilaine.
Goubel (Robert), de Bertrix, à Hanches, Eure-et-Loir.
Goubel (Léon), de Bertrix, à Hanches, Eure-et-Loir.
Goubel (Bertha), de Bertrix, à Hanches, Eure-et-Loire.
Ghislain (Emma), de Mettet, à Gaël, Ille-et-Vilaine.
Ghislain (Benony), de Mettet, à Gaël, Ille-et-Vilaine.
Ghislain (Alice), de Mettet, à Gaël, Ille-et-Vilaine.
Ghislain (Marc), de Bresmes, à Gaël, Ille-et-Vilaine.
Ghislain (Joseph), de Malèves, à Romillé, Ille-et-Vilaine.
Ghislaine (Félicie), d'Auvelais, à Baguer-Morvan, Ille-et-Vilaine.
Allard (Palmyre), de Gerpinnes, à Mouazé, Ille-et-Vilaine.
Ghiste (Maurice), de Châtelet, à Vern, Ille-et-Vilaine.
Ghiste (Elvire), de Châtelet, à Vern, Ille-et-Vilaine.
Ghiste (Auguste), de Châtelet, à Vern, Ille-et-Vilaine.
Gilson (Eugène), de Falisolle, à Breteil, Ille-et-Vilaine.
Gilson (Anna), de Falisolle, à Breteil, Ille-et-Vilaine.
Glume (Bertha), de Charleroi, à Maure, Ille-et-Vilaine.
Glume (Jeanne), de Montigny-le-Tilleul, à Maure, Ille-et-Vilaine.
Gobert (Célina), de Châtelet, à Cardroc, Ille-et-Vilaine.
Godard (Sylvain), d'Havay, à Châlette, Loiret.
Godard (Sylva), de Givry, à Châlette, Loiret.
Gœtbuys (Marie), d'Arsimont, à Gaël, Ille-et-Vilaine.
Goffinet (Jules), de Dinant, à Saint-Symphorien, Eure.
Gobin (Thérèse), d'Ham, à Cormeilles, Eure.
Goetans (Jérôme), de Charleroi, à Val-Saint-Pair, Manche.
Gomez (Clémence), de Couillet, au Grand-Fougeray, Ille-et-Vilaine.
Gosse (Louise), de Frameries, à Auxerre, Yonne.
Goossens (Joseph), de Bruges, à Lourdes, Hautes-Pyrénées.
Gosset (Céline), de Bouffioulx, au Grand-Fougeray, Ille-et-Vilaine.
Gosset (Léon), de Bouffioulx, au Grand-Fougeray, Ille-et-Vilaine.
Gosseyre (Marie), de Neder-Brakel, à Nassandres, Eure.
Gosseyre (Jean-Baptiste), de Neder-Brakel, à Nassandres, Eure.
Gosseyre (Florent), de Neder-Brakel, à Nassandres, Eure.
Gosseyre (Léon), de Neder-Brakel, à Nassandres, Eure.
Gosseyre (Marie), de Neder-Brakel, à Nassandres, Eure.
Gosseyre (Marthe), de Neder-Brakel, à Nassandres, Eure.
Gottignies (Omer) et fam., de Bruxelles, à Nice, Alpes-Maritimes.
Govarst (Aglaé), de Falisolle, au Grand-Fougeray, Ille-et-Vilaine.
Gramme (Gustave), de Châtelet, à Pleumeleuc, Ille-et-Vilaine.

Grandfils (Georges), de Rochehaut, à Unienville, Aube.
Grandfils (Elvine), de Rochehaut, à Unienville, Aube.
Grandfils (Augustine), de Rochehaut, à Unienville, Aube.
Grandfils (Hippolyte), de Rochehaut, à Unienville, Aube.
Gramme (Adam), dé Châtelineau, à Plumeleuc, Ille-et-Vilaine.
Grandfils (Zoé), de Romedenne, à Châteaulin, Finistère.
Grégoire (Hélène), de Bouffioulx, à Cerdon, Loiret.
Grégoire (Marie), de Bouffioulx, à Cerdon, Loiret.
Grégoire (Elisabeth), de Bouffioulx, à Cerdon, Loiret.
Grégoire (Charles), de Bouffioulx, à Cerdon, Loiret.
Grégoire (Albert), de Bouffioulx, à Cerdon, Loiret.
Grégoire (Germaine), de Bouffioulx, à Cerdon, Loiret.
Grégoire (Alphonsine), de Châtelet, à Sens, Ille-et-Vilaine.
Grégoire (Désiré), de Châtelet, à Saint-Peru, Ille-et-Vilaine.
Grenier (Eva), de Gozée, à Saint-Malo, Ille-et-Vilaine.
Grenier (Elie), de Gozée, à Saint-Malo, Ille-et-Vilaine.
Grenier (Louise), de Gozée, à Saint-Malo, Ille-et-Vilaine.
Grégoire (Clarisse), d'Auvelais, à Saint-Gonlay, Ille-et-Vilaine.
Grégoire (Edmond), de Falisolle, au Mont-Dol, Ille-et-Vilaine.
Grégoire (Emile), de Châtelet, à Muel, Ille-et-Vilaine.
Grégoire (Célina), de Châtelet, à Tardais, Eure-et-Loir.
Grégoire (Jean-Baptiste), de Châtelet, à Tardais, Eure-et-Loir.
Grégoire (Dominique), de Châtelet, à Tardais, Eure-et-Loire.
Griméa (Charles), de Bailièvre, à Châlette, Loiret.
Grimée (Appoline), de Bailièvre, à Châlette, Loiret.
Groux (François), d'Aiseau, à Romillé, Ille-et-Vilaine.
Groux (Auguste), de Farciennes, à La Chapelle-Thouarault, Ille-et-Vilaine.
Groux (Augusta), de Farciennes, à La Chapelle-Thouarault, Ille-et-Vilaine.
Grumiaux (Luc), de Leugnies, à Romillé, Ille-et-Vilaine.
Grymonprez (Urbanie) et enf., d'Eerneghem, à Veulettes, Seine-Inférieure.
Grymonprez (Hortense), d'Eerneghem, à Veulettes, Seine-Inférieure.
Grymonprez (Germaine), d'Eerneghem, à Veulettes, Seine-Inférieure.
Guerriat (Pierre), de Mariembourg, à Cesson, Ille-et-Vilaine.
Guerot (Zélie), de Furnes, à Châlette, Loiret.
Gierriat (Nina), de Mariembourg, à Cesson, Ille-et-Vilaine.
Guiot (Benoît), de Jamoigne, à Clohars-Carnoet, Finistère.
Guiot (Irma), de Jamoigne, à Clohars-Carnoet, Finistère.
Guilmin (Jules), de Châtelet, à Mont-Dol, Ille-et-Vilaine.
Guilmin (Adolphe), de Châtelet, à Mont-Dol, Ille-et-Vilaine.
Guilmin (Jules), de Floreunes, à Saint-Pern, Ille-et-Vilaine.
Guyaux (Rosine), de Châtelet, à Pliton-le-Grand, Ille-et-Vilaine.
Hacquin (Anne), d'Ham-sur-Sambre, à Bédée, Ille-et-Vilaine.
Haldant (Constant), de Mont-sur-Marchienne, à Bergerac, Dordogne.
Halloin (Mariette), de Falisolle, à Argentré-du-Plessis, Ille-et-Vilaine.
Halloin (Georges), de Falisolle, à Argentré-du-Plessis, Ille-et-Vilaine.
Halgrain (Jean-Baptiste), de Quaregnon, à Liéuron, Ille-et-Vilaine.
Hainaut (Albine), de Châtelet, à Gaël, Ille-et-Vilaine.
Hannard (Gustave), de Bouffioulx, à Romillé, Ille-et-Vilaine.
Hardat (Amour) et fam., de Gozée, à Pougny, Ain.
Harzée (Eloi) et enf., de Gembloux, à Sanvignes, Saône-et-Loire.
Haut (Emile), de Pont-de-Loup, à Gaël, Ille-et-Vilaine.
Haut (François), de Pont-de-Loup, à Gaël, Ille-et-Vilaine.
Haut (Ferdinand), de Pont-de-Loup, à Gaël, Ille-et-Vilaine.
Haut (Léon), de Pont-de-Loup, à Gaël, Ille-et-Vilaine.
Hendrick (Alfred), de La Bouverie, à Ingrandes, Maine-et-Loire.
Heldersen (Jenny), de Lobbes, à Breteil, Ille-et-Vilaine.
Helin (Alfred), d'Arsimont, à La Chapelle-Thouarault, Ille-et-Vilaine.
Helin (Ernest), d'Arsimont, à La Chapelle-Thouarault, Ille-et-Vilaine.
Helin (Georges), d'Arsimont, à La Chapelle-Thouarault, Ille-et-Vilaine.
Helin (Hermance), d'Arsimont, à La Chapelle-Thouarault, Ille-et-Vilaine.
Helin (Yvonne), d'Arsimont, à La Chapelle-Thouarault, Ille-et-Vilaine.
Henry (Jean Baptiste), de Châtelet, à Saint-Brisson, Loiret.
Henrioul (Ferdinand), d'Arsimont, à Argentré-du-Plessis, Ille-et-Vilaine.
Hennuy (Justine), de Gozée, à Saint-Malo, Ille-et-Vilaine.
Hennuy (Marie), de Gozée, à Saint-Malo, Ille-et-Vilaine.
Henry (Celliny), de Corbion, à Livré, Ille-et-Vilaine.
Henry (Julia), de Marcinelle, à Messac, Ille-et-Vilaine.
Henry (Joseph), de Marcinelle, à Messac, Ille-et-Vilaine.
Henrist (Henriette), de Quaregnon, à Saint-Briac, Ille-et-Vilaine.
Henrist (Romain), de Quaregnon, à Saint-Briac, Ille-et-Vilaine.
Henrist (Henri), de Quaregnon, à Saint-Briac, Ille-et-Vilaine.
Henrist (Céline), de Quaregnon, à Saint-Briac, Ille-et-Vilaine.
Henrist (Gustavine), de Quaregnon, à Saint-Briac, Ille-et-Vilaine.
Henriot (Auguste), de Quaregnon, à Saint-Briac, Ille-et-Vilaine.
Henry (Louise), de Marcinelle, à Messac, Ille-et-Vilaine.
Henry (Marcel), de Marcinelle, à Cesson, Ille-et-Vilaine.
Henrioul (Georges), d'Auvelais, à Argentré-du-Plessis, Ille-et-Vilaine.
Henrioul (Mathilde), d'Auvelais, à Argentré-du-Plessis, Ille-et-Vilaine.
Henin (Julia), de Châtelet, à Langouet, Ille-et-Vilaine.
Hennebert (Eménente), d'Aulnois, à Gasny, Eure.
Henri (Eugénie), de Châtelet, à Muel, Ille-et-Vilaine,

Henne (Armande), de Bouffioulx, au Neubourg, Eure.
Henne (Hippolyte), de Bouffioulx, au Neubourg, Eure.
Henne (Florentine), de Bouffioulx, au Neubourg, Eure.
Hermant (Georges), de Bouffioulx, à Cerdon, Loiret.
Hermant (Louisa), de Bouffioulx, à Cerdon, Loiret.
Hercot (Joseph), de Bouffioulx, à Saint-Pern, Ille-et-Vilaine.
Hermans (Marcel), de Bruxelles, à Royan, Charente-Inférieure.
Hermant (Elisa), de Châtelet, à Tardais, Eure-et-Loire.
Heulers (Omer), de Solre-sur-Sambre, à Carbon-Blanc, Gironde.
Heumy (Marie), de Thuillies, à Boismorand, Loiret.
Hévrard (Thérèse), d'Aisemont, à St-Sulpice-de-Graimbouville, Eure.
Hirsoux (Georges), de Thuin, à Maure, Ille-et-Vilaine.
Hirsoux (Florent), de Thuin, à Maure, Ille-et-Vilaine.
Hirsoux (Albert), de Thuin, à Maure, Ille-et-Vilaine.
Histace (Espérance), de Gerpinnes, à La Villeau-en-Coublessac, Ille-et-Vil.
Histace (Paula), de Gerpinnes, à La Villeau-en-Coublessac, Ille-et-Vilaine.
Hittelet (Joseph), de Jemappes, à Rennes, Ille-et-Vilaine.
Hoignies (Maria), de La Buissière, à Illiers, Eure-et-Loir.
Holoach (Stanislas), de Mancieulles, à Angers, Maine-et-Loire.
Hologe (Lucien), de Clermont, à Boismorand, Loiret.
Honoré (Léa), de Sivry, à Châlette, Loiret.
Honoré (Georges), de Sivry, à Châlette, Loiret.
Honoré (Mariette), de Sivry, à Châlette, Loiret.
Honoré (Marie), de Sivry, à Châlette, Loiret.
Honoré (Maurice), de Sivry, à Châlette, Loiret.
Honoré (Fernand), de Sivry, à Châlette, Loiret.
Hoq (Ernest), de Châtelet, à Mont-Dol, Ille-et-Vilaine.
Hoq (Jeanne), de Châtelet, à Mont-Dol, Ille-et-Vilaine.
Hoq (Jules), de Châtelet, à Mont-Dol, Ille-et-Vilaine.
Hoq (Jules), de Châtelet, à Mont-Dol, Ille-et-Vilaine.
Hog (Marie-Françoise) et enf., de Châtelet, à Mont-Dol, Ille-et-Vilaine.
Horst (Paula), de Châtelet, à Plélan-le-Grand, Ille-et-Vilaine.
Hosteaux (Denise), de Couvin, à Saint-Malo, Ille-et-Vilaine.
Houart (Octavie), de Bouffioulx, au Verger, Ille-et-Vilaine.
Housse (Irma), de Châtelet, à Pleumeleuc, Ille-et-Vilaine.
Houart (Justin), de Pont-de-Loup, au Verger, Ille-et-Vilaine.
Houart (Désiré), de Pont-de-Loup, au Verger, Ille-et-Vilaine.
Houart (Alice), de Pont-de-Loup, au Verger, Ille-et-Vilaine.
Houyaux (Joseph), de Walcourt, à Sours, Eure-et-Loir.
Houyaux (Joseph), de Walcourt, à Vitré, Ille-et-Vilaine.
Hubier (Philomène), de Châtelet, à Saint-Brisson, Loiret.
Hubert (Angèle), de Bouffioulx, à Guichen, Ille-et-Vilaine.
Hubert (Arthur), de Bouffioulx, à Guichen, Ille-et-Vilaine.
Hubert (Bertha), de Falisolle, à Breteil, Ille-et-Vilaine.
Hubert (Jeanne), de Couillet, à l'Hermitage, Ille-et-Vilaine.
Hubert (Emile), de Pont-de-Loup, à Maure, Ille-et-Vilaine.
Hubert (Julia-Simone), de Bouffioulx, à Guichen, Ille-et-Vilaine.
Hubert (Julia), de Falisolle, à Breteil, Ille-et-Vilaine.
Hubert (Régine), de Falisolle, à Breteil, Ille-et-Vilaine.
Hubert (Désiré) et son épouse, d'Yves-Gomézée, à Neuilly-Plaisance, S.-et-O.
Hubert (Philomène), de Walcourt, à Tourville-sur-Pont-Audemer, Eure.
Huchon (Germaine), de Quaregnon, à Vert-en-Drouais, Eure-et-Loir.
Huchon (Maria), de Quaregnon, à Vert-en-Drouais, Eure-et-Loir.
Huchon (Charles), de Quaregnon, à Vert-en-Drouais, Eure-et-Loir.
Hupez et fam., de Frameries, à Auxerre, Yonne.
Huyben (Louis) et enf., de Châtelet, à Romillé, Ille-et-Vilaine.
Huyben (Julien) et enf., de Châtelet, à Romillé, Ille-et-Vilaine.
Haasmans (Joséphine), de Pironchamp, à Saint-Malo, Ille-et-Vilaine.
Istasse (Eudoxie), de Châtelet, à Romillé, Ille-et-Vilaine.
Istasse (Henri), de Châtelet, à Romillé, Ille-et-Vilaine.
Istasse (Philomène), de Châtelet, à Langan, Ille-et-Vilaine.
Istasse (Henri-Clément) et enf., de Châtelet, à Laugan, Ille-et-Vilaine.
Istasse (Claire), de Châtelet, à Langan, Ille-et-Vilaine.
Istasse (Armandine), de Châtelet, à Langan, Ille-et-Vilaine.
Istasse (Alphonsine), de Châtelet, à Langan, Ille-et-Vilaine.
Jacques (Désiré), de Pont-de-Loup, au Verger, Ille-et-Vilaine.
Jacques (Alphonse), de Pont-de-Loup, au Verger, Ille-et-Vilaine.
Jacques (Louis), de Pont-de-Loup, au Verger, Ille-et-Vilaine.
Jacques (Scholastique), de Pont-de-Loup, au Verger, Ille-et-Vilaine.
Jadot (Pulchérie), de Couillet, au Grand-Fougeray, Ille-et-Vilaine.
Jadot (Cirin), de Couillet, au Grand-Fougeray, Ille-et-Vilaine.
Jadot (Auguste), de Couillet, au Grand-Fougeray, Ille-et-Vilaine.
Jallot (Zéphirin), de Fontaine-Valmont, à Bonnemain, Ille-et-Vilaine.
Jallet (Zoé), de Fontaine-Valmont, à Bonnemain, Ille-et-Vilaine.
Janmard (Adèle), de Jemappes, à Amanlis, Ille-et-Vilaine.
Jammard (Marie-Thérèse), de Falisolle, au Grand-Fougeray, Ille-et-Vilaine.
Janmaire (Léon), de Falisolle, à Bréteil, Ille-et-Vilaine.
Janmaire (Léon), de Falisolle, à Bréteil, Ille-et-Vilaine.
Janmaire (Hélène), de Falisolle, à Bréteil, Ille-et-Vilaine.
Janmaire (Raymond), de Falisolle, à Bréteil, Ille-et-Vilaine.
Janmaire (Simone), de Falisolle, à Bréteil, Ille-et-Vilaine.

Janmott (Joseph) et enf., de Châtelet, à Romillé, Ille-et-Vilaine.
Janmard (Arthur), de Falisolle, au Grand-Fougeray, Ille-et-Vilaine.
Janmart (Aurélie), d'Auvelais, à Amanlis, Ille-et-Vilaine.
Janmard (Blanche), de Falisolle, au Grand-Fougeray, Ille-et-Vilaine.
Janmard (Elisa), de Falisolle, au Grand-Fougeray, Ille-et-Vilaine.
Janmard (François), de Falisolle, au Grand-Fougeray, Ille-et-Vilaine.
Janmard (Louis), de Falisolle, au Grand-Fougeray, Ille-et-Vilaine.
Janmart (Ludore), de Jemappes, à Amanlis, Ille-et-Vilaine.
Janmart (Marcel), de Falisolle, au Grand-Fougeray, Ille-et-Vilaine.
Janmaire (Emile), de Falisolle, à Bréteil, Ille-et-Vilaine.
Jary (Léon), d'Ohain, à Fougères, Ille-et-Vilaine.
Jassogne (Honoré), d'Aisemont, à Saint-Sulpice-de-Graimbouville, Eure.
Jeeraets (Jules) et enf., d'Aerschoot, à Pleumeleuc, Ille-et-Vilaine.
Jernaux (Emile), de Bouffioulx, à Saint-Pern, Ille-et-Vilaine.
Jernaux (François), de Bouffioulx, à Saint-Pern, Ille-et-Vilaine.
Joachim (Oscar), de Farciennes, à Romillé, Ille-et-Vilaine.
Joly (Camille), de Fontaine-Valmont, à Bonnemain, Ille-et-Vilaine.
Joneret (Marguerite), de Solre-sur-Sambre, à Bonnemain, Ille-et-Vilaine.
Kafonette (Félicie), de Bouffioulx, à Saint-Pern, Ille-et-Vilaine.
Keekovre (Van de) [Hippolyte], d'Ethove, à Nassandres, Eure.
Keller (Georges), de Montigny-sur-Sambre, à Saint-Malo, Ille-et-Vilaine.
Kampen (Jules) de Liége, à Castelsarrasin, Tarn-et-Garonne.
Kerremer (Julien), de Mont-sur-Marchienne, à Nice, Alpes-Maritimes.
Labvois (Florence), de Thuillies, à Boismorand, Loiret.
Lafreu (Léon), de Châtelet, à Pleumeleuc, Ille-et-Vilaine.
Lafreu (Léon-Joseph), de Châtelet, à Pleumeleuc, Ille-et-Vilaine.
Lafreu (Madeleine), de Châtelet, à Pleumeleuc, Ille-et-Vilaine.
Lafontaine (Adrien), de Falisolle, à l'Hermitage, Ille-et-Vilaine.
Lafontaine (Adrien), de Falisolle, à Bréteil, Ille-et-Vilaine.
Lafontaine (Claire), de Falisolle, à Bréteil, Ille-et-Vilaine.
Lafontaine (Henri), de Falisolle, à Bréteil, Ille-et-Vilaine.
Lafontaine (Victor), de Falisolle, à Bréteil, Ille-et-Vilaine.
Lafontaine (Victor), de Falisolle, à l'Hermitage, Ille-et-Vilaine.
Lafontaine (Marie), de Falisolle, à Bréteil, Ille-et-Vilaine.
Lafontaine (René), de Falisolle, à Bréteil, Ille-et-Vilaine.
Lafontaine (Joseph), de Falisolle, à Bréteil, Ille-et-Vilaine.
Lafontaine (Maria), de Falisolle, à Bréteil, Ille-et-Vilaine.
Lafontaine (Eléonore), de Falisolle, à Bréteil, Ille-et-Vilaine.
Laga (Omer), d'Eerneghem, à Veulettes, Seine-Inférieure.
Laga (Hilda), d'Eerneghem, à Veulettes, Seine-Inférieure.
Laga (Léontine) et enf., d'Eerneghem, à Veulettes, Seine-Inférieure.
Lahaye (Jules), de Châtelet, à Sens-de-Bretagne, Ille-et-Vilaine.
Lahaye (Louis), d'Aiseau, à Loqueffret, Finistère.
Lambot (Auguste), de Bailièvre, à Châlette, Loiret.
Lambot (Esther), de Bailièvre, à Châlette, Loiret.
Lameuse (Irène), de Farciennes, à Bais, Ille-et-Vilaine.
Lameuse (Félix) et enf., de Farciennes, à Bais, Ille-et-Vilaine.
Lambot (Victor), de Florennes, à Saint-Pern, Ille-et-Vilaine.
Lambiotte (Céline), de Ham-sur-Sambre, à Bédée, Ille-et-Vilaine.
Lambert (Clémentine), de Marcinelle, à Saint-Malo, Ille-et-Vilaine.
Langon (Maria), de Châtelet, à Pace, Ille-et-Vilaine.
Langlois (Joseph), de Thizimont, à Baguer-Morvan, Ille-et-Vilaine.
Langlois (Joseph), de Thizimont, à Baguer-Morvan, Ille-et-Vilaine.
Laporte (Hermann de), de Gand, à Monaco.
Larbie (Joseph), d'Acoz, à Tardais, Eure-et-Loir.
Lassigues (Marie-Gustave), de Bruxelles, à Talence, Gironde.
Lassoie (Jeanne), de Paturages, à Mordelles, Ille-et-Vilaine.
Lassoie (Albert), de Paturages, à Mordelles, Ille-et-Vilaine.
Lossinal (Jules), de Hantes, à Chilleurs-aux-Bois, Loiret.
Laurent (Gustave), d'Arsimont, à Rennes, Ille-et-Vilaine.
Laurent (René), de Gourdinne, à Domloup, Ille-et-Vilaine.
Laurent (Anne), de Châtelet, à Muel, Ille-et-Vilaine.
Laurent (Catherine), de La Neuville-d'Orange, à St-Jean-s.-Couesnon, Ille-et-V.
Laurent (Désiré), de Gourdinne, à Domloup, Ille-et-Vilaine.
Laurent (Frédéric), de Châtelet, à Muel, Ille-et-Vilaine.
Laurent (Florentine), de Châtelet, à Muel, Ille-et-Vilaine.
Laurent (Fernand), de Gourdinne, à Domloup, Ille-et-Vilaine.
Laurent (Hubert), de Châtelet, à Muel, Ille-et-Vilaine.
Laurent (Joseph), de Châtelet, à Muel, Ille-et-Vilaine.
Laurent (Adolphe), de Châtelet, à Muel, Ille-et-Vilaine.
Lazaron (Ferdinand), d'Arsimont, à Argentré-du-Plessis, Ille-et-Vilaine.
Lazaron (Camille), d'Arsimont, à Argentré-du-Plessis, Ille-et-Vilaine.
Lazaron (Isidore), d'Arsimont, à Saint-Germain-du-Pinel, Ille-et-Vilaine.
Lazaron (Isidore) et fam., de Vedrin, à Vitré, Ille-et-Vilaine.
Lazaron (Ferdinand), d'Arsimont, à Saint-Germain-du-Pinel, Ille-et-Vilaine.
Lazaron (Ferdinand), d'Arsimont, à Vitré, Ille-et-Vilaine.
Lazaron (Camille), d'Arsimont, à Saint-Germain-du-Pinel, Ille-et-Vilaine.
Lazaron (Camille), d'Arsimont, à Vitré, Ille-et-Vilaine.
Lazaron (Antoinette), d'Arsimont, à Argentré-du-Plessis, Ille-et-Vilaine.
Lebon (François), de Châtelet, à Vern, Ille-et-Vilaine.
Lebon (Hortense), de Châtelet, à Vern, Ille-et-Vilaine.
Lebon (René), de Châtelet, à Vern, Ille-et-Vilaine.
Lebon (Augustin) et son épouse, de Châtelet, à Vern, Ille-et-Vilaine.
Lecoq (Camille) et fam., de Châtelet, à Vasouy, Calvados.
Lecuivre (Jules), de Muno, à Saint-Malo, Ille-et-Vilaine.
Lecuivre (Julien), de Muno, à Saint-Malo, Ille-et-Vilaine.
Lecuivre (Lucien), de Muno, à Saint-Malo, Ille-et-Vilaine.
Locrique (Angèle), de Marcinelle, à Cesson, Ille-et-Vilaine.
Locrique (Maria), de Mariembourg, à Cesson, Ille-et-Vilaine.
Locrique (Aline), de Mariembourg, à Cesson, Ille-et-Vilaine.
Locrique (Armand), de Mariembourg, à Cesson, Ille-et-Vilaine.
Locrique (Charles), de Mariembourg, à Cesson, Ille-et-Vilaine.
Lecron (Camille), de Fontaine-Valmont, à Bonnemain, Ille-et-Vilaine.
Leclerc (Jean-Baptiste), d'Auvelais, à Saint-Gonlay, Ille-et-Vilaine.
Lecomte (Alice), de Marbaix-la-Tour, à Guignen, Ille-et-Vilaine.
Leclerc (Alexandre), d'Auvelais, à Saint-Gonlay, Ille-et-Vilaine.
Leclercq (Alfred) et fam., d'Auvelais, à Sauvignes, Saône-et-Loire.
Ledieu (Pélagie), d'Auvelais, à Saint-Gonlay, Ille-et-Vilaine.
Ledoux (Anne), d'Auvelais, à Saint-Gonlay, Ille-et-Vilaine.
Ledoux (Madeleine), d'Auvelais, à Saint-Gonlay, Ille-et-Vilaine.
Ledoux (Léon), de Floreffe, à Bréteil, Ille-et-Vilaine.
Ledieu (Adrien), d'Auvelais, à Saint-Gonlay, Ille-et-Vilaine.
Ledieu (Frédéric), d'Auvelais, à Saint-Gonlay, Ille-et-Vilaine.
Ledieu (Maximilien), d'Auvelais, à Saint-Gonlay, Ille-et-Vilaine.
Ledieu (Palmyre), d'Auvelais, à Saint-Gonlay, Ille-et-Vilaine.
Lefrancq (Etienne), de Sivry, à Montcorbon, Loiret.
Lefebvre (Auguste), de Thuillies, à Rennes, Ille-et-Vilaine.
Lefebvre (Irma), de Thuillies, à Rennes, Ille-et-Vilaine.
Lefranc (Vincent), de Hautes-Wiheries, à Saint-Malo, Ille-et-Vilaine.
Lefebvre (Auguste) et fam., de Couvin, à Guignen, Ille-et-Vilaine.
Legat (Elise), de Quaregnon, à Vert-en-Drouais, Eure-et-Loir.
Legat (Maurice), de Quaregnon, à Vert-en-Drouais, Eure-et-Loir.
Legat (Omer), de Quaregnon, à Vert-en-Drouais, Eure-et-Loir.
Legat (Germaine), de Wiers, à Tours, Indre-et-Loire.
Legon (Philippe), de Mariembourg, à Saint-Malo, Ille-et-Vilaine.
Legrain (Jules), de Falisolle, à Bréteil, Ille-et-Vilaine.
Legrand (Alexandre), d'Auvelais, à Saint-Gonlay, Ille-et-Vilaine.
Legrand (Madeleine), d'Auvelais, à Saint-Gonlay, Ille-et-Vilaine.
Legrand (Fernand), d'Auvelais, à Saint-Gonlay, Ille-et-Vilaine.
Legrand (Valérie), d'Auvelais, à Saint-Gonlay, Ille-et-Vilaine.
Legrand (René), d'Auvelais, à Saint-Gonlay, Ille-et-Vilaine.
Legraive (Emilio), de Falisolle, au Grand-Fougeray, Ille-et-Vilaine.
Legrain (Maurice), à Malonne, à Louviers, Eure.
Legrain (Elvire), de Malonne, à Louviers, Eure.
Legrain (Julia), de Falisolle, à Bréteil, Ille-et-Vilaine.
Legrain (Jean-Baptiste), de Falisolle, à Bréteil, Ille-et-Vilaine.
Legrain (Elise), de Falisolle, à Bréteil, Ille-et-Vilaine.
Legon (Marie-Thérèse), de Bruxelles, à Saint-Malo, Ille-et-Vilaine.
Lejeune (Eva), de Ham-sur-Heure, à Lieuron, Ille-et-Vilaine.
Lejoug (Napoléon), de Mont-sur-Marchiennes, à Bergerac, Dordogne.
Lemoine (Oliva), de Châtelet, à Pleumeleuc, Ille-et-Vilaine.
Lemoine (Octave), de Bouffioulx, à Pleumeleuc, Ille-et-Vilaine.
Lemoine (Jean), de Châtelet, à Langon, Ille-et-Vilaine.
Lemy (Joseph), de Marcourt, à Amanlis, Ille-et-Vilaine.
Lemy (Fernand), d'Auvelais, à Amanlis, Ille-et-Vilaine.
Lemaire (Flore), de Châtelet, à Muel, Ille-et-Vilaine.
Lemaire (Georges) et enf., de Montignies-s.-S., à Pleumeleuc, Ille-et-Vilaine.
Léotard (Elise), d'Yves-Gomezée, à Vitré, Ille-et-Vilaine.
Lepage (Marcel), de Bouffioulx, à Saint-Aubin-d'Aubigné, Ille-et-Vilaine.
Lequeux (Emile), de Romedenne, à Châteaulin, Finistère.
Lequeux (Jeanne), de Romedenne, à Châteaulin, Finistère.
Lequeux (Victor), de Marchiennes-au-Pont, à Châteaulin, Finistère.
Lequeux (Marie), de Romedennet à Châteaulin, Finistère.
Leret (Auguste) et fam., de Falisolle, à Sauvignies, Saône-et-Loire.
Leroy (Mariette), de Mariembourg, à Cesson, Ille-et-Vilaine.
Leroy (Simonne), de Mariembourg, à Cesson, Ille-et-Vilaine.
Leroy (Céline), de Mariembourg, à Cesson, Ille-et-Vilaine.
Leroy (Achille), de Mariembourg, à Cesson, Ille-et-Vilaine.
Leroy (Lionel), de Mariembourg, à Cesson, Ille-et-Vilaine.
Leroy (Léon), d'Olloy, à Cesson, Ille-et-Vilaine.
Leroy (Louise), d'Olloy, à Cesson, Ille-et-Vilaine.
Leroy (Lucien), de Mariembourg, à Cesson, Ille-et-Vilaine.
Leroz (Germaine), de Mariembourg, à Cesson, Ille-et-Vilaine.
Leroy (Emilie), d'Olloy, à Cesson, Ille-et-Vilaine.
Leroy (Hortense), de Mariembourg, à Cesson, Ille-et-Vilaine.
Leroy (Ida), de Mariembourg, à Cesson, Ille-et-Vilaine.
Lessent (Pauline), de Havay, à Chalette, Loiret.
Lessent (Pauline), de Givry, à Chalette, Loiret.
Lessent (Numen), de Givry, à Chalette, Loiret.
Lessent (Marie), de Givry, à Chalette, Loiret.
Lessent (Hector), de Givry, à Chalette, Loiret.
Lessent (Emile), de Givry, à Chalette, Loiret.

Lessent (Marguerite), de Givry, à Chalette, Loiret.
Lessent (Marie), de Givry, à Chalette, Loiret.
Leurquin (Robert), de Chimay, à Saint-Malo, Ille-et-Vilaine.
Leurquin (Augusta), de Chimay, à Saint-Malo, Ille-et-Vilaine.
Leurquin (Victor), de Chimay, à Saint-Malo, Ille-et-Vilaine.
Lhote (Fernand), de Quaregnon, à Vert-en-Drouais, Eure-et-Loir.
Lhote (Fernand), de Quaregnon, à Vert-en-Drouais, Eure-et-Loir.
Lhote (Palmyre), de Quaregnon, à Vert-en-Drouais, Eure-et-Loir.
L'Hoast (Anna), de Namur, à Saint-Malo, Ille-et-Vilaine.
Libert (Pauline), de Marcinelle-Haies, à Villemoiron, Aube.
Limage (Irma), de Quaregnon, à Vert-en-Drouais, Eure-et-Loir.
Limagne (Zéphirine), de Quaregnon, à Vert-en-Drouais, Eure-et-Loir.
Limon (Henri), de Quaregnon, à Lieuron, Ille-et-Vilaine.
Limon (Pierre), de Quaregnon, à Lieuron, Ille-et-Vilaine.
Lison (Marie), de Falisolle, à Breteil, Ille-et-Vilaine.
Lison (Catherine), de Falisolle, à Breteil, Ille-et-Vilaine.
Lison (Lina), de Châtelet, à Mont-Dol, Ille-et-Vilaine.
Loiselet (Joséphine), de Falisolle, à Breteil, Ille-et-Vilaine.
Lorand (Joisine), de Falisolle, à Rennes, Ille-et-Vilaine.
Lorie (Charles), de Roubaix, à Aurillac, Cantal.
Lorent (Joseph) et fam., d'Arsimont, à Sanvignes, Saône-et-Loire.
Losot (Célestine), de Bouffioulx, à St-Aubin-d'Aubigné, Ille-et-Vilaine.
Losot (Elise), de Bouffioulx, à Saint-Aubin-d'Aubigné, Ille-et-Vilaine.
Louvier (Jules), de Walcourt, à Muel, Ille-et-Vilaine.
Louvion (Lowinsky), de Coussort, à Chalette, Loiret.
Lovers (Gérard), d'Anvers, à Nice, Alpes-Maritimes.
Macherey (Gaston), de Dinant, à St-Aubin-des-Landes, Ille-et-Vilaine.
Maby (Marc), de Clermont, à Tourville, Eure.
Maby (Claire), de Clermont, à Tourville, Eure.
Maby (Anna), de Clermont, à Tourville, Eure.
Mahieu (Céline), de Châtelet, à Plélan-le-Grand, Ille-et-Vilaine.
Maillard (Marie), de Falisolle, à Breteil, Ille-et-Vilaine.
Mairiaux (Aimable), de Montigny-St-Christop., à Plélan-le-Grand, Ille-et-Vil.
Mairiaux (Germaine), de Montigny-St-Christ., à Plélan-le-Grand, Ille-et-Vil.
Mairiaux (Aimé), d'Erquelines, à Plélan-le-Grand, Ille-et-Vilaine.
Mairiaux (Arthur), de Montigny-St-Christophe, à Plélan-le-Grand, Ille-et-Vil.
Mairiaux (Phidelline), de Montigny-St-Christ., à Plélan-le-Grand, Ille-et-Vil.
Mairiaux (Joseph), de Montigny-St-Christ., à Plélan-le-Grand, Ille-et-Vil.
Mairiaux (Marie), de Montigny-St-Christophe, à Plélan-le-Grand, Ille-et-Vil.
Mairiaux (Simone), de Montigny-St-Christ., à Plélan-le-Grand, Ille-et-Vil.
Mairiaux (Cornélia), de Montigny-St-Christ., à Plélan le Grand, Ille-et-Vil.
Malcorps (Appoline), de Bouffioulx, à Saint-Pern, Ille-et-Vilaine.
Malcourant (Marie), de Châtelet, à Pleumeleuc, Ille-et-Vilaine.
Marchand (Juliette), de Thuin, à Garnay, Eure-et-Loir.
Marchand (Edouard), de Thuin, à Garnay, Eure-et-Loir.
Marlier (Fernand), de Farciennes, à Montceau-les-Mines, Saône-et-Loire.
Marcion (Rosine), d'Auvelais, à Amanlis, Ille-et-Vilaine.
Marlier (Louise), de Marbaix-la-Tour, à Guignen, Ille-et-Vilaine.
Martelling (Joséphine) et enf., de Ham-sur-Heure, à Châteaugiron, Ille-et-Vil.
Martin (Adèle), de Lobbes, à Etrelles, Ille-et-Vilaine.
Marlier (Clémence), de Marbaix-la-Tour, à Guignen, Ille-et-Vilaine.
Marlier (Francine) de Mont-sur-Marchiennes, à Guignen, Ille-et-Vilaine.
Mary (Hélène), de Chimay, à Saint-Malo, Ille-et-Vilaine.
Marlier (Arthur), de Mont-sur-Marchiennes, à Guignen, Ille-et-Vilaine.
Marit (Edmond, de Châtelet, à Rennes, Ille-et-Vilaine.
Martin (Joachim), de Lobbes, à Etrelles, Ille-et-Vilaine.
Martin (Angèle), de Lobbes, à Etrelles, Ille-et-Vilaine.
Marlier (Fernand), de Fleurus, à Sanvignes, Saône-et-Loire.
Massart (Julien), de Florennes, à Saint-Pern, Ille-et-Vilaine.
Massart (Joséphine), de Farciennes, à Gaël, Ille-et-Vilaine.
Massart (Louisa) et fam., de Farciennes, à Gaël, Ille-et-Vilaine.
Massart (Sylvie) et enf., de Farciennes, à Gaël, Ille-et-Vilaine.
Masy (Flore), de Ham-sur-Heure, à Muel, Ille-et-Vilaine.
Massart (Adelina), de Farciennes, à Gaël, Ille-et-Vilaine.
Mathieu (Joseph), de Falisolle, à Breteil, Ille-et-Vilaine.
Mathieu (Yvonne), de Falisolle, à Breteil, Ille-et-Vilaine.
Mathieu (Virgile), de Haut-devant-Pierrepont, à Nice, Alpes-Maritimes.
Mathoux et fam., d'Ysel, à Parné, Mayenne.
Maton (Vital), de Marcinelle, à Muel, Ille-et-Vilaine.
Maton (Claire), de Thuillies, à Boismorand, Loiret.
Maton (Norbert), d'Erquelines, à Bonnemain, Ille-et-Vilaine.
Matton (Fernand), de Marcinelle, à Muel, Ille-et-Vilaine.
Matton (Gustave), de Marcinelle, à Muel, Ille-et-Vilaine.
Matton (René), de Marcinelle, à Muel, Ille-et-Vilaine.
Matton (Roger), de Marcinelle, à Muel, Ille-et-Vilaine.
Matton (Rosa), de Marcinelle, à Muel, Ille-et-Vilaine.
Mattelart (Léon), de Châtelet, à Plélan-le-Grand, Ille-et-Vilaine.
Maton (Elise), de Fontaine-Valmont, à Bonnemain, Ille-et-Vilaine.
Maury (Alice), de Dinant, à Saint-Ouen des-Champs, Eure.
Maury (Joseph), de Dinant, à Saint-Ouen-des-Champs, Eure.
Mazure (Augustine), de Malonne, à Louviers, Eure.

Mazure (Lucie), de Malonne, à Louviers, Eure.
Mazure (Gaston), de Malonne, à Louviers, Eure.
Mercier (Isabelle), de Ronce, à Chalette, Loiret.
Mélotte (Eugène), de Châtelet, à Saint-Briac, Ille-et-Vilaine.
Melotte (Louis), de Châtelet, à Saint-Briac, Ille-et-Vilaine.
Melotte (Claire) et enf., du Châtelet, à Saint-Briac, Ille-et-Vilaine.
Mattelart (Julia), de Châtelet, à Plélan-le-Grand, Ille-et-Vilaine.
Mengeot (Sylvain), de Gerpinnes, à Mouazé, Ille-et-Vilaine.
Mongeot (Léopold), de Gerpinnes, à Mouazé, Ille-et-Vilaine.
Mengeot (Joseph), de Gerpinnes, à Mouazé, Ille-et-Vilaine.
Ménin (Louise), de Bruxelles, à Renazé, Mayenne.
Meunier (Marguerite), de Strée, à Guichen, Ille-et-Vilaine.
Meunier (Antoine), de Strée, à Guichen, Ille-et-Vilaine.
Mercy (Esther), de Thuillies, à Boismorand, Loiret.
Mercy (Hubert), de Thuillies, à Boismorand, Loiret.
Meunier (Emile), de Solre-le-Château, à Corneville-sur-Risle, Eure.
Meynen (Fernand), d'Arsimont, à Visseiche, Ille-et-Vilaine.
Meynen (Albert), d'Arsimont, à Visseiche, Ille-et-Vilaine.
Meynen (Pierre) et fam., d'Arsimont, à Visseiche, Ille-et-Vilaine.
Meynen (Jean), d'Arsimont, à Visseiche, Ille-et-Vilaine.
Meynen (Gaston), d'Arsimont, à Visseiche, Ille-et-Vilaine.
Meynen (Germaine), d'Arsimont, à Visseiche, Ille-et-Vilaine.
Meynen (Joséphine) et enfants, d'Arsimont, à Visseiche, Ille-et-Vilaine.
Michaux (Julien), de Bouffioulx, au Neubourg, Eure.
Michaux (Arthur), de Bouffioulx, au Neubourg, Eure.
Michaux (Ernest), de Bouffioulx, au Neubourg, Eure.
Michaux (Jeanne), de Bouffioulx, au Neubourg, Eure.
Michaux (Elise), de Bouffioulx, au Neubourg, Eure.
Michaux (Elise), de Bertrix, à Hanches, Eure-et-Loir.
Michaux (Charles), de Falisolle, au Grand-Fougeray, Ille-et-Vilaine.
Michaux (Victor), de Falisolle, au Grand-Fougeray, Ille-et-Vilaine.
Michaux (Victorine), de Bouffioulx, à Pleumeleuc, Ille-et-Vilaine.
Michaux (Léonard), de Falisolle, au Grand-Fougeray, Ille-et-Vilaine.
Michaux (Joseph), de Châtelet, à Romillé, Ille-et-Vilaine.
Michaux (Nestor), d'Oignies-Aiseaux, à Muel, Ille-et-Vilaine.
Michaux (Léopold), de Marcinelle, à Saint-Malo, Ille-et-Vilaine.
Michaux (Irma), d'Oignies-Aiseaux, à Muel, Ille-et-Vilaine.
Michaux (Octavie), de Pont-de-Loup, au Verger, Ille-et-Vilaine.
Michel (Alexina), de Pont-de-Loup, au Verger, Ille-et-Vilaine.
Michaux (Alice), d'Oignies-Aiseaux, à Muel, Ille-et-Vilaine.
Michaux (Fernand), d'Oignies-Aiseaux, à Muel, Ille-et-Vilaine.
Mindey (François), d'Anvers, à Rennes, Ille-et-Vilaine.
Minet (Eugène), de Bouffioulx, à Pleumeleuc, Ille-et-Vilaine.
Miche (Marthe), de Thuin, à Maure, Ille-et-Vilaine.
Michel (Herman), de Boussu-lez-Walcourt, à Guichen, Ille-et-Vilaine.
Michel (Gabrielle), de Boussu-lez-Walcourt, à Guichen, Ille-et-Vilaine.
Michel (Emilia), de Boussu-lez-Walcourt, à Guichen, Ille-et-Vilaine.
Moïsse (Eudoxie), de Châtelet, à Langan, Ille-et-Vilaine.
Mols (Hubertine), de Falisolle, à Mardelles, Ille-et-Vilaine.
Mongé (Louis), de Pont-de-Loup, au Verger, Ille-et-Vilaine.
Mongé (Joseph), de Pont-de-Loup, au Verger, Ille-et-Vilaine.
Mongé (Louis), de Pont-de-Loup, au Verger, Ille-et-Vilaine.
Moreau (Alice), de Châtelet, à Gaël, Ille-et-Vilaine.
Moreau (Bertha), de Châtelet, à Gaël, Ille-et-Vilaine.
Moreau (Elise) et enfants, de Châtelet, à Gaël, Ille-et-Vilaine.
Moors (Albert) et famille, de Marchiennes-au-Pont, à Eysines, Gironde.
Morel (Joseph), de Sostegem, à Cesson, Ille-et-Vilaine.
Mottin (Marie), d'Auvelais, à Saint-Goulay, Ille-et-Vilaine.
Moufle (Alice) et enfants, de Châtelet, à Langan, Ille-et-Vilaine.
Moufle (Arthur), de Châtelet, à Langan, Ille-et-Vilaine.
Moufle (Gustave), de Châtelet, à Langan, Ille-et-Vilaine.
Moufle (Joseph) et enfants, de Châtelet, à Langan, Ille-et-Vilaine.
Moufle (Joseph), de Châtelet, à Langan, Ille-et-Vilaine.
Moufle (Joseph) et enfants, de Châtelet, à Romillé, Ille-et-Vilaine.
Mulquin (Louis) et enfants, de Marbaix-la-Tour, à Bonnemain, Ille-et-Vilaine.
Mulpas (François) et famille, de Hornu, à Mézières, Ille-et-Vilaine.
Mulpas (Elise), de Hornu, à Mézières, Ille-et-Vilaine.
Mulpas (Eugénie), de Hornu, à Mézières, Ille-et-Vilaine.
Naomé (Joseph) et famille, d'Yves-Gomézée, à Neuilly-Plaisance, S.-et-Oise.
Nicodem (Laure), de Leers-et-Fosteau, à Bonnemain, Ille-et-Vilaine.
Nicodem (Zoé), de Leers-et-Fosteau, à Bonnemain, Ille-et-Vilaine.
Noël (Joseph), de Châtelet, à Langan, Ille-et-Vilaine.
Noël (Joachim), de Châtelet, à Roz-Landrieux, Ille-et-Vilaine.
Noël (Emilie) et enfants, de Châtelet, à Langan, Ille-et-Vilaine.
Noël (Edouard), de Châtelet, à Roz-Landrieux, Ille-et-Vilaine.
Noyon (Nestor), de Balatre, à Logueffret, Finistère.
Noel (Edgard), de Gozée, à Garnay, Eure-et-Loir.
Nubert (Rosalie), de Falisolle, à Breteil, Ille-et-Vilaine.
Osvald (Philippine), d'Arsimont, à Gaël, Ille-et-Vilaine.
Pacorus (Germaine), d'Auvelais, à Amanlis, Ille-et-Vilaine.
Pacorus (Gustavine), d'Auvelais, à Amanlis, Ille-et-Vilaine.

Pacorus (Hortense), d'Auvelais, à Amanlis, Ille-et-Vilaine.
Pachez (Céline), de Gosselies, au Mont-Dol, Ille-et-Vilaine.
Pacorus (Joseph), d'Auvelais, à Amanlis, Ille-et-Vilaine.
Pagès (Clémentine), de Sommières, à Barbechat, Loire-Inférieure.
Papart (Calixte), de Châtelet, au Verger, Ille-et-Vilaine.
Papart (Calixte), de Pont-de-Loup, au Verger, Ille-et-Vilaine.
Papart (François), de Pont-de-Loup, au Verger, Ille-et-Vilaine.
Papart (Joséphine), de Pont-de-Loup, au Verger, Ille-et-Vilaine.
Paquet (Frédéric), de Bouffioulx, à Miniac-sous-Bécherel, Ille-et-Vilaine.
Paquet (Jean-Baptiste), de Bouffioulx, à Miniac-sous-Bécherel, Ille-et-Vilaine.
Paquet (Omer), de Chimay, à Châteaudun, Eure-et-Loir.
Parmentier (Hélène), de Messet, à Saint-Malo, Ille-et-Vilaine.
Parmentier (Claire), de Messet, à Saint-Malo, Ille-et-Vilaine.
Parmentier (Fernand), de Bouffioulx, au Grand-Fougeray, Ille-et-Vilaine.
Parmentier (Marcel), de Bouffioulx, au Grand-Fougeray, Ille-et-Vilaine.
Parmentier (Victor), de Messet, à Saint-Malo, Ille-et-Vilaine.
Passchyn (Nathalie), de Terneghem, à Veulettes, Seine-Inférieure.
Passerat (Marthe), de Bruxelles, à Talence, Gironde.
Pauly (Ghislaine), de Châtelet, à Pleumeleuc, Ille-et-Vilaine.
Pauly (Joseph), de Châtelet, à Pleumeleuc, Ille-et-Vilaine.
Pauli (Maurice), de Falisolle, à Breteil, Ille-et-Vilaine.
Pauli (Charles), de Falisolle, à Breteil, Ille-et-Vilaine.
Pautot (Frantz), des Hautes-Wihéries, à l'Hermitage, Ille-et-Vilaine.
Pautot (François), des Hautes-Wihéries, à l'Hermitage, Ille-et-Vilaine.
Pesch (Hortense), d'Auvelais, à Saint-Gonlay, Ille-et-Vilaine.
Petit (Oscar), de Couillet, à Miniac-sous-Bécherel, Ille-et-Vilaine.
Petit (Antoine), de Thuin, à Châlette, Loiret.
Petit (Marie), de Thuin, à Châlette, Loiret.
Petit (Rosalie), de Bouffioulx, à Miniac-sous-Bécherel, Ille-et-Vilaine.
Petit (Jeanne), de Thuin, à Châlette, Loiret.
Petit (Fernand), de Thuin, à Châlette, Loiret.
Petit (Jules), de Roulers, à Duigé, Ille-et-Vilaine.
Petit (Deleska), de Sivry, à Montcorbon, Loiret.
Petit (Julie), de Thuin, à Châlette, Loiret.
Petit (Lydie), de Sivry, au Neubourg, Eure.
Peysen (Jean), de Pont-de-Loup, au Verger, Ille-et-Vilaine.
Peysen (Maurice), de Pont-de-Loup, au Verger, Ille-et-Vilaine.
Pierson (Nelly), de Boussu-lez-Walcourt, à Guichen, Ille-et-Vilaine.
Pierson (Nestor), de Boussu-lez-Walcourt, à Guichen, Ille-et-Vilaine.
Pierrard (Camille), de Mettet, à Saint-Médard-sur-Ille, Ille-et-Vilaine.
Pierkot (Delize), de Beauwelz, à Liffré, Ille-et-Vilaine.
Piette (Françoise), de Falisolle, à Etrelles, Ille-et-Vilaine.
Piette (Désirée), de Falisolle, au Pertre, Ille-et-Vilaine.
Pietquin (Josué), de Ham-sur-Sambre, à Bédée, Ille-et-Vilaine.
Pigneur (Éléonore), de Farciennes, à La Chapelle, Ille-et-Vilaine.
Pimparet (Simone), de Thuillies, à Boismorand, Loiret.
Pimparet (Yvonne), de Thuillies, à Boismorand, Loiret.
Pimparet (Georges), de Thuillies, à Boismorand, Loiret.
Pimparet (Joseph), de Thuillies, à Boismorand, Loiret.
Pimparet (Paulin), de Thuillies, à Boismorand, Loiret.
Pire (Renée), de Boussu-lez-Walcourt, à Guichen, Ille-et-Vilaine.
Pire (Félix), de Boussu-lez-Walcourt, à Guichen, Ille-et-Vilaine.
Pirotte (Marie), de Bourlers, à Duigé, Ille-et-Vilaine.
Pirotte (Octave), de Bourlers, à Duigé, Ille-et-Vilaine.
Pirson (Elisa) et enfants, de Marcinelle, à Gaël, Ille-et-Vilaine.
Pirlot (Marie), de Bel, à Cancale, Ille-et-Vilaine.
Pirou (Arthur), de Cour-sur-Heure, à Thibouville, Eure.
Philippa (Sylvain), d'Acoz, à Tardais, Eure-et-Loir.
Philippe (Pauline), d'Acoz, à Tardais, Eure-et-Loir.
Philippe (Edmond), d'Acoz, à Tardais, Eure-et-Loir.
Philippe (Emérance), d'Acoz, à Tardais, Eure-et-Loir.
Pochet (Léon), de Gosselies, au Mont-Dol, Ille-et-Vilaine.
Polet (Pauline), de Marcinelle, à Saint-Pern, Ille-et-Vilaine.
Polet (Jean-Baptiste) et enfants, de Marcinelle, à Saint-Pern, Ille-et-Vilaine.
Polet (Arthur), de Marcinelle, à Saint-Pern, Ille-et-Vilaine.
Polen (Octave) et enfant, de Marcinelle, à Gaël, Ille-et-Vilaine.
Porignaux (Victorine), de Falisolle, à Etrelles, Ille-et-Vilaine.
Porineau (Gustave) et enfants, de Bouffioulx, à Romillé, Ille-et-Vilaine.
Porignaux (Victor), de Falisolle, à Etrelles, Ille-et-Vilaine.
Porignaux (René), de Falisolle, à Etrelles, Ille-et-Vilaine.
Porignaux (Justine), de Falisolle, à Etrelles, Ille-et-Vilaine.
Porignaux (Emile) et enfants, de Falisolle, à Etrelles, Ille-et-Vilaine.
Pouleur (Thérèse), de Châtelet, à Pleumeleuc, Ille-et-Vilaine.
Pouleur (Oscar), de Bouffioulx, à Gaël, Ille-et-Vilaine.
Pouleur (Jean-Baptiste), de Châtelet, à Pleumeleuc, Ille-et-Vilaine.
Pouleur (Emilie) et enfants, de Bouffioulx, à Gaël, Ille-et-Vilaine.
Pouleur (Bertha), de Châtelet, à Pleumeleuc, Ille-et-Vilaine.
Pouleur (Raymond), de Bouffioulx, à Cerdon, Loiret.
Pouleur (Gustave), de Bouffioulx, à Cerdon, Loiret.
Pouleur (Benjamine), de Bouffioulx, à Cerdon, Loiret.
Pouleur (Jean-Baptiste), de Pont-de-Loup, à Gaël, Ille-et-Vilaine.

Préa (Rosa), d'Arsimont, à Châteaugiron, Ille-et-Vilaine.
Préa (Bertha), de Tamines, à Châteaugiron, Ille-et-Vilaine.
Préa (Clara) et enfants, de Tamines, à Domloup, Ille-et-Vilaine.
Préa (Georges), de Tamines, à Domloup, Ille-et-Vilaine.
Préa (Jules) et enfants, de Tamines, à Domloup, Ille-et-Vilaine.
Préa (Olga), de Tamines, à Domloup, Ille-et-Vilaine.
Préa (Remi), de Tamines, à Domloup, Ille-et-Vilaine.
Pulinch (Joseph) et enfants, de Marcinelle, à Gaël, Ille-et-Vilaine.
Pulinch (Fernande), de Marcinelle, à Gaël, Ille-et-Vilaine.
Pulinch (Emile), de Marcinelle, à Gaël, Ille-et-Vilaine.
Pulinch (Alexina) et enfant, de Marcinelles, à Gaël, Ille-et-Vilaine.
Quertain (Amélie), de Clermont, à Boismorand, Loiret.
Quertinmont (Clémence), de Thuillies, à Boismorand, Loiret.
Quertinmont (Eugénie), de Thuillies, à Boismorand, Loiret.
Quertinmont (Georges), de Thuillies, à Boismorand, Loiret.
Quertinmont (Oscar), de Thuillies, à Boismorand, Loiret.
Quertinmont (Michel), d'Auvelais, à Saint-Goulay, Ille-et-Vilaine.
Quertinmont (Léon), d'Auvelais, à Saint-Goulay, Ille-et-Vilaine.
Quertinmont (Georgine), d'Auvelais, à Saint-Goulay, Ille-et-Vilaine.
Quertinmont (Camille), d'Auvelais, à Saint-Goulay, Ille-et-Vilaine.
Quévy (Louise), de Quaregnon, à Licuron, Ille-et-Vilaine.
Quiénil (Eugénie), de Châtelet, à Vern, Ille-et-Vilaine.
Quintard (Marguerite), de Charleroi, au Piré, Ille-et-Vilaine.
Quinet (Marthe), de Gozée, à Bernay, Eure.
Quinet (Jules), de Gozée, à Bernay, Eure.
Quinet (Elisée), à Bernay, Eure.
Quinet (Léon), de Gozée, à Bernay, Eure.
Quinet (S.), de Gozée, à Bernay, Eure.
Raes (Joachim) et enf., de Bouffioulx, à Romillé, Ille-et-Vilaine.
Rairoux (Virgile), de Frameries, à Saint-Ouen-des-Champs, Eure.
Ralet (Gaspard), de Bouffioulx, au Neubourg, Eure.
Ralet (Lizin), de Bouffioulx, au Neubourg, Eure.
Rary (Céline), de Gozée, à Saint-Malo, Ille-et-Vilaine.
Rary (Zéphirin), de Gozée, à Saint-Malo, Ille-et-Vilaine.
Rary (Jeanne), de Thuillies, à Garnay, Eure-et-Loir.
Rary (Marc), de Gozée, à Garnay, Eure-et-Loir.
Rary (Juliette), de Thuillies, à Garnay, Eure-et-Loir.
Rary (Julie), de Thuillies, à Garnay, Eure-et-Loir.
Rary (Jules), de Thuillies, à Garnay, Eure-et-Loir.
Rary (Amour), de Thuillies, à Boismorand, Loiret.
Raspoort (Jules et Léopold), de Gand, à Romorantin, Loir-et-Cher.
Ravet (Alice), de Charleroi, à Bourbonne, Haute-Marne.
Régal (Agnès), d'Anderlues, à Rennes, Ille-et-Vilaine.
Relecom (Arthur), de Hal, à Cadrès, Lot-et-Garonne.
Relecom (Jean), de Saint-Ley-Bruxelles, à Cadrès, Lot-et-Garonne.
Relecom (Raymond), de Saint-Gilles-Ley-Bruxelles, à Cadrès, Lot-et-Gar.
Rémy (Hélène), de Marcinelles, à Cardroc, Ille-et-Vilaine.
Rémy (Joseph), de Marcinelles, à Cardroc, Ille-et-Vilaine.
Rémy (Jules), de Marcinelles, à Cardroc, Ille-et-Vilaine.
Rémy (Arthur), de Marcinelles, à Cardroc, Ille-et-Vilaine.
Rémy (Émile), de Marcinelles, à Cardroc, Ille-et-Vilaine.
Rémy (Jules), de Marcinelles, à Cardroc, Ille-et-Vilaine.
Rémy (Irma), de Marcinelles, à Cardroc, Ille-et-Vilaine.
Renard (Marcel), de Mons, au Mihihic-sur-Rance, Ille-et-Vilaine.
Renard (Alice), de Gozée, à Saint-Aubin-d'Aubigné, Ille-et-Vilaine.
Renard (Léon), de Gozée, à Saint-Aubin-d'Aubigné, Ille-et-Vilaine.
Renard (Jules), de Gozée, à Saint-Aubin-d'Aubigné, Ille-et-Vilaine.
Renault (Adolphine), de Fontaine-Valmont, à Bonnemain, Ille-et-Vilaine.
Renault (Léon), de Fontaine-Valmont, à Bonnemain, Ille-et-Vilaine.
Rencelot (Émile), de Thuin, à Ardentes, Indre.
Rens (Pierre), de Montigny-sur-Sambre, à Pont-Audemer, Eure.
Richard (Nelly), de la Buissière, à Illiers, Eure-et-Loir.
Richard (Fernande), de la Buissière, à Illiers, Eure-et-Loir.
Richard (Georges), de la Buissière, à Illiers, Eure-et-Loir.
Robert (Fernand), de Mettet, à Saint-Malo, Ille-et-Vilaine.
Robert (Gilbert), de Mettet, à Saint-Malo, Ille-et-Vilaine.
Rochez (Julia), de Gozée, à Bernay, Eure.
Rochez (Henri), de Gozée, à Bernay, Eure.
Rochez (Adèle), de Gozée, à Bernay, Eure.
Rodrigue (Joseph) et fam., d'Erquelinnes, à Tiercé, Maine-et-Loire.
Roger (Joséphine), d'Anderlues, à Maure, Ille-et-Vilaine.
Romain (Georges), de Bouffioulx, à Saint-Aubin-d'Aubigné, Ille-et-Vilaine.
Romain (Georgette), de Bouffioulx, à Saint-Aubin-d'Aubigné, Ille-et-Vilaine.
Romain (Gustave), de Bouffioulx, à Saint-Aubin-d'Aubigné, Ille-et-Vilaine.
Romain (Jeanne), de Bouffioulx, à Saint-Aubin-d'Aubigné, Ille-et-Vilaine.
Romain (Jean-Baptiste), de Bouffioulx, à St-Aubin-d'Aubigné, Ille-et-Vilaine.
Romain (Raoul), de Bouffioulx, à Saint-Aubin-d'Aubigné, Ille-et-Vilaine.
Romain (Valérie), de Ragniès, à Bonnemain, Ille-et-Vilaine.
Ruover (Augusta de), de Bruxelles, à Chartres, Eure-et-Loir.
Rosy (Joseph), de Châtelet, à Romillé, Ille-et-Vilaine.
Roulet (Ernest), de Fontaine-Valmont, à Bonnemain, Ille-et-Vilaine.

Roulit (Léa), de Fontaine-Valmont, à Bonnemain, Ille-et-Vilaine.
Roulet (Vital), de Fontaine-Valmont, à Bonnemain, Ille-et-Vilaine.
Rousselle (Auguste), de Pont-de-Loup, au Verger, Ille-et-Vilaine.
Rousselle (Marie), de Pont-de-Loup, au Verger, Ille-et-Vilaine.
Rousseau (Marie), de Tamines, à Argentré-du-Plessis, Ille-et-Vilaine.
Rousseau (Patrice), de Balâtre, à Argentré-du-Plessis, Ille-et-Vilaine.
Rousseau (Alexandre), de Balâtre, à Argentré-du-Plessis, Ille-et-Vilaine.
Rousseau (Henri), de Saint-Martin-Balâtre, à Argentré-du-Plessis, Ille-et-V.
Rousseau (Joseph), de Tamines, à Argentré-du-Plessis, Ille-et-Vilaine.
Rousselet (Esther), de Ham-sur-Heure, à Maure, Ille-et-Vilaine.
Rubay (Raymond), de Pont-de-Loup, au Verger, Ille-et-Vilaine.
Rubay (Joseph), de Pont-de-Loup, au Verger, Ille-et-Vilaine.
Ruchard (Denise), de Sivry, à Montcorbon, Loiret.
Ruchard (Augustin), de Sivry, à Montcorbon, Loiret.
Ruchard (René), de Sivry, à Montcorbon, Loiret.
Ruchard (Jeanne), de Sivry, à Montcorbon, Loiret.
Saint-Ghislain (Georges) et enf., de St-Ghislain, à St-Germain-en-Coglès, I.-et-V.
Saint-Ghislain (Louisa), de St-Ghislain, à St-Germain-sur-Ille, Ille-et-Vil.
Saint-Ghislain (Joseph) et enf., de Wasmes, à St-Germain-sur-Ille, Ille-et-V.
Saint-Ghislain (Joseph-Alexandre), de Wasmes, à St-Germain-s.-Ille, Ille-et-V.
Saint-Ghislain (Héléna) et enf., de Wasmes, à St-Germain-s.-Ille, Ille-et-V.
Saint-Ghislain (Gabrielle), de Wasmes, à St-Germain-sur-Ille, Ille-et-Vilaine.
Scaillet (Jules), de Thy-le-Château, à Heudreville-sur-Eure, Eure.
Sharffauten (Jeanne) de Berzée, à Tourville-sur-Pont-Audemer, Eure.
Sandron (Alfred), de Farciennes, à Romillé, Ille-et-Vilaine.
Sandron (Nestor), de Farciennes, à Romillé, Ille-et-Vilaine.
Sellier (Louisa), de Dinant, à Saint-Symphorien, Eure.
Sellier (Marie), de Dinant, à Saint-Symphorien, Eure.
Sellier (Mathilde), de Dinant, à Saint-Symphorien, Eure.
Sellier (Louise), de Dinant, à Saint-Symphorien, Eure.
Sellier (Jules), de Dinant, à Saint-Symphorien, Eure.
Sempour (Marie) et enf., de Ham-sur-Heure, à Gael, Ille-et-Vilaine.
Septroux (Clémence), de Dinant, à Cancale, Ille-et-Vilaine.
Septroux (Victoire), d'Hastière, à Cancale, Ille-et-Vilaine.
Septroux (Victor), de Gouy-lez-Piéton, à Cancale, Ille-et-Vilaine.
Sermeuse (Jean-Baptiste) et fam., de Châtelet, à Rennes, Ille-et-Vilaine.
Sermeuse (Léopold), de Châtelet, à Langonet, Ille-et-Vilaine.
Sermeuse (Félicien), de Châtelet, à Langonet, Ille-et-Vilaine.
Sieur (Lucien), de Pont-de-Loup, au Verger, Ille-et-Vilaine.
Sieur (Marie-Thérèse), de Pont-de-Loup, au Verger, Ille-et-Vilaine.
Sieur (Fernande), de Pont-de-Loup, au Verger, Ille-et-Vilaine.
Simon (Valentin), de Falisolle, à Bréteil, Ille-et-Vilaine.
Simon (Joseph), de Falisolle, à Bréteil, Ille-et-Vilaine.
Sinet (Félicien), de Metet, à Saint-Malo, Ille-et-Vilaine.
Simoens (Nathalie), de Bruxelles, à Nice, Alpes-Maritimes.
Sinet (Irène), de Metet, à Saint-Malo, Ille-et-Vilaine.
Sinet (Berthe), de Metet, à Saint-Malo, Ille-et-Vilaine.
Sinet (Lucile), de Metet, à Saint-Malo, Ille-et-Vilaine.
Sprumont (Joseph), d'Arsimont, à l'Hermitage, Ille-et-Vilaine.
Sprumont (Abraham), d'Arsimont, à l'Hermitage, Ille-et-Vilaine.
Sevnaeve (Henri), d'Ichteghem, à Veulettes, Seine-Inférieure.
Schlabosky (Julien), de Ham-sur-Heure, à Muel, Ille-et-Vilaine.
Schlabosky (René), de Ham-sur-Heure, à Muel, Ille-et-Vilaine.
Schlabosky (Jules), de Ham-sur-Heure, à Muel, Ille-et-Vilaine.
Schmitt (Aline), de Châtelet, à Plélan-le-Grand, Ille-et-Vilaine.
Schmitz (Georgine), d'Aiscmont, à Saint-Sulpice-de-Grainbouville, Eure.
Schlaboski (Jeanne), de Mont-sur-Marchienne, à Maure, Ille-et-Vilaine.
Schlaboski (Maurice), de Mont-sur-Marchienne, à Maure, Ille-et-Vilaine.
Schoi (Antoinette), de Pont-de-Loup, au Verger, Ille-et-Vilaine.
Schorels (Pierre), de Falisolle, à Bréteil, Ille-et-Vilaine.
Schorels (Raymond), de Falisolle, à Bréteil, Ille-et-Vilaine.
Srohy (Célestin), de Thy-le-Château, à Heudreville-sur-Eure, Eure.
Srohy (Hélène), de Thy-le-Château, à Heudreville-sur-Eure, Eure.
Smalle (Nelly), de Châtelineau, à Londéac, Côtes-du-Nord.
Solier (Raoul), de Charleroi, à Pignans, Var.
Soumillou (Joseph), de Mettet, à Gael, Ille-et-Vilaine.
Staiesse (Raymond), de Farciennes, à Romillé, Ille-et-Vilaine.
Stael (Stéphanie), de Terneghem, à Veulettes, Seine-Inférieure.
Stagnet (Maurice), de Bouffioulx, à Gael, Ille-et-Vilaine.
Strassard (Françoise), de Pont-de-Loup, à Maure, Ille-et-Vilaine.
Sienvot (Joseph), de Corbion, à Livré, Ille-et-Vilaine.
Stephen (Alphonse), de Châtelet, à Saint-Malo, Ille-et-Vilaine.
Stephen (Léonard), de Pirouchamps, à Saint-Malo, Ille-et-Vilaine.
Stevens (Germaine), d'Anderlues, à Minihic-sur-Rance, Ille-et-Vilaine.
Stiers (Théophile), de Châtelet, à Vergéal, Ille-et-Vilaine.
Stiers (Alphonse), de Châtelet, à Pacé-à-Vergéal, Ille-et-Vilaine.
Stiers (Joséphine), de Châtelet, à Pacé, Ille-et-Vilaine.
Stiers (Joseph), de Châtelet, à Pacé, Ille-et-Vilaine.
Stiers (Gustave), de Châtelet, à Pacé, Ille-et-Vilaine.
Stiers (François), de Châtelet, à Pacé, Ille-et-Vilaine.
Stiers (Émilie), de Châtelet, à Pacé, Ille-et-Vilaine.

Stiers (Céline), de Châtelet, à Pacé, Ille-et-Vilaine.
Steenboudt (Georgette), de Thuin, à Saint-Lunaire, Ille-et-Vilaine.
Steenboudt (Claire), de Thuin, à Saint-Lunaire, Ille-et-Vilaine.
Steenboudt (Camille) et fam., de Thuin, à Saint-Lunaire, Ille-et-Vilaine.
Steenboudt (Elvire), de Thuin, à Saint-Lunaire, Ille-et-Vilaine.
Stilmant (Juliette), de Mont-sur-Marchienne, à Maure, Ille-et-Vilaine.
Stokart (Florent), de Châtelet, à Plélan-le-Grand, Ille-et-Vilaine.
Stokart (Louise), de Châtelet, à Plélan-le-Grand, Ille-et-Vilaine.
Storger (Adolphine), de Gourdinne, à Domloup, Ille-et-Vilaine.
Stokart (Lucie), de Châtelet, à Plélan-le-Grand, Ille-et-Vilaine.
Stokart (Raymond), de Châtelet, à Plélan-le-Grand, Ille-et-Vilaine.
Stokart (Florent), de Châtelet, à Plélan-le-Grand, Ille-et-Vilaine.
Stokart (Antoinette), de Châtelet, à Plélan-le-Grand, Ille-et-Vilaine.
Stokart (Fernand), de Châtelet, à Plélan-le-Grand, Ille-et-Vilaine.
Stoquet (Anne), de Bouffioulx, à Cerdon, Loiret.
Strulens (Bernard), de Bruxelles, à Nice, Alpes-Maritimes.
Theofel (Grégoire), de Bouffioulx, à Saint-Briac, Ille-et-Vilaine.
Theys (Victor), de Falisolle, à Bréteil, Ille-et-Vilaine.
Thill (Félicie), de Belgrade, à Bréteil, Ille-et-Vilaine.
Tilmant (Ghislaine), de Mont-sur-Marchienne, à Maure, Ille-et-Vilaine.
Tinuit (Marie) et enf., de Châtelet, à Gaël, Ille-et-Vilaine.
Thiriaux (Hortense), de Sivry, à Montcorbon, Loiret.
Thirion (Joseph), de Falisolle, à Rennes, Ille-et-Vilaine.
Thirion (Joseph), de Falisolle, au Grand-Fougeray, Ille-et-Vilaine.
Thôme (Octave), de Loverwald, à Saint-Etienne, Loire.
Thôme (Mme), de Loverwald, à Saint-Etienne, Loire.
Thôme (Arthur), de Loverwald, à Saint-Etienne, Loire.
Thôme (Lucienne), de Loverwald, à Saint-Etienne, Loire.
Thôme (Elisabeth), de Loverwald, à Saint-Etienne, Loire.
Trico (Flore), de Châtelet, à Plélan-le-Grand, Ille-et-Vilaine.
Trouillet (Victor), de Fontaine-Valmont, à Bonnemain, Ille-et-Vilaine.
Trouillet (Victor), de Fontaine-Valmont, à Bonnemain, Ille-et-Vilaine.
Trouillet (Fernand), de Fontaine-Valmont, à Bonnemain, Ille-et-Vilaine.
Uvier (Armand), de Châtelet, à Saint-Pern, Ille-et-Vilaine.
Van Bever (Liévin) et enf., de Châtelet, à Malesherbes, Loiret.
Van Bever (Barbe), de Châtelet, à Malesherbes, Loiret.
Van Belinghem (Benjamine), de Bouffioulx, à Bergerac, Dordogne.
Van Belinghem (Élisée), de Bouffioulx, à Bergerac, Dordogne.
Van Meulden (Guillaume), de Leune-Saint Pierre, à   , Illes-Pyrénées.
Van Ruymbecke (Charles), de Louvain, à Vic-sur-Cère, Cantal.
Van Ruymbecke (Eugène), de Louvain, à Vic-sur-Cère, Cantal.
Van de Vyver (Pierre), de Fontaine-Valmont, à Bonnemain, Ille-et-Vilaine.
Vanacker (Victor), de Loos, à Saint-Malo, Ille-et-Vilaine.
Vancolen (Rosalie), de Ferneghem, à Veulettes, Seine-Inférieure.
Vandensteen (Honorine) et enf., de Châtelet, à Saint-Brisson, Loiret.
Vanden Berghe (Marcel) de Marienbourg, à Saint-Malo, Ille-et-Vilaine.
Vander (Pierre) et fam., de Bruxelles, à Nice, Alpes-Maritimes.
Vanderbrugge (Alphonse), de Bruxelles, à Chartres, Eure-et-Loir.
Vanderbruggen (Maria), de Bruxelles, à Chartres, Eure-et-Loir.
Vanderbruggen (Thérèse), de Bruxelles, à Chartres, Eure-et-Loir.
Vanderbrugge (Georges), de Bruxelles, à Chartres, Eure-et-Loir.
Vandersbruggen (Gilles), de Bruxelles, à Chartres, Eure-et-Loir.
Vanderusse (Marie), de Falisolles, à Mordelles, Ille-et-Vilaine.
Vanderusse (Joseph), de Falisolles, à Mordelles, Ille-et-Vilaine.
Vanderusse (Franz), de Falisolles, à Mordelles, Ille-et-Vilaine.
Vanderusse (Arthur), de Falisolles, à Mordelles, Ille-et-Vilaine.
Vanderpeeren (Maria), de Pont-de-Loup, au Verger, Ille-et-Vilaine.
Vanderhaeghen (Antoine), de Marchiennes, à Romillé, Ille-et-Vilaine.
Vanveckoven (Joseph), de Farciennes, à Sanvignes, Saône-et-Loire.
Vaurillaer (Victorine), de Montigny-sur-Sambre, à Pont-Audemer, Eure.
Vauthier (Charles), de Silenrieux, à Tourville-sur-Pont-Audemer, Eure.
Vauthier (Mme), de Silenrieux, à Tourville-sur-Pont-Audemer, Eure.
Vauthier (Pauline), de Silenrieux, à Tourville-sur-Pont-Audemer, Eure.
Vauthier (Louis), de Silenrieux, à Tourville-sur-Pont-Audemer, Eure.
Vauthier (Eugène), de Silenrieux, à Tourville-sur-Pont-Audemer, Eure.
Vauters (Lucie), de Thuillies, à Licuron, Ille-et-Vilaine.
Vautier (Marguerite), de Florennes, à Montcorbon, Loiret.
Vautier (Lucienne), de Florennes, à Montcorbon, Loiret.
Vendredi (Félicien), de Pont-de-Loup, au Verger, Ille-et-Vilaine.
Vendredi (François), de Pont-de-Loup, au Verger, Ille-et-Vilaine.
Vendredi (Simone), de Pont-de-Loup, au Verger, Ille-et-Vilaine.
Venet (Irène), de Lesquielles-Saint-Germain, à Pléchatel, Ille-et-Vilaine.
Verbruggen (Auguste), de Loverval, à Mont-Dol, Ille-et-Vilaine.
Verbruggen (Henri), de Charleroi, à Piré, Ille-et-Vilaine.
Verbruggen (Émile), de Charleroi, à Piré, Ille-et-Vilaine.
Vintersheim (Georges) et fam., d'Andeloncourt, à Fours, Gironde.
Viroux (Léon), de Sivry, à Montcorbon, Loiret.
Vital (Agnès), de Raynies, à Bonnemain, Ille-et-Vilaine.
Vitasse (Eugénie), de Ribemont, à Perray-en-Lafleu, Ille-et-Vilaine.
Vitasse (Marie), de Ribemont, à Perray-en-Lafleu, Ille-et-Vilaine.
Wabeaux (Adolphine), de Hantes, à Chilleurs-aux-Bois, Loiret.

Waelmacq (Amélie), de Saint-Sauveur-de-Hainaut, à Vic-sur-Cère, Cantal.
Waelmacq (Antoine), de Saint-Sauveur-de-Hainaut, à Vic-sur-Cère, Cantal.
Walbrecq (Alfred), de Clermont, à Boismorand, Loiret.
Walbrecq (Louis), de Clermont, à Boismorand, Loiret.
Walbrecq (Emilia), de Thuin, à Châlette, Loiret.
Walbrecq (Roger), de Thuin, à Châlette, Loiret.
Walbrecq (Gustave), de Thuin, à Châlette, Loiret.
Walbrecq (Marcelle), de Thuin, à Châlette, Loiret.
Wallat (Alice), de Jumet, à Minihic-sur-Rance, Ille-et-Vilaine.
Wanaverbecq (Virginie), de Loos, à Saint-Malo, Ille-et-Vilaine.
Want (Ernest), de Ham-sur-Sambre, à Gael, Ille-et-Vilaine.
Wartique (Marie), de Châtelet, à Langan, Ille-et-Vilaine.
Wartique (Jeanne), de Châtelet, à Langan, Ille-et-Vilaine.
Wartique (Joséphine), de Châtelet, à Langan, Ille-et-Vilaine.
Wauters (Hortense), de Fontaine-Valmont, à Bonnemain, Ille-et-Vilaine.
Wauters (Nathalie), de Fontaine-Valmont, à Bonnemain, Ille-et-Vilaine.
Wendel (Louis), de Bruxelles, à Nice, Alpes-Maritimes.

Wérotte (Marie), de Dinant, à Pont-Audemer, Eure.
Wery (Stéphanie) et enf., de Châtelet, à Gael, Ille-et-Vilaine.
Wilhem (Simon), de Biesmes-sous-Thuin, à Garnay, Eure-et-Loir.
Wilmet (Célestine) et enf., de Mettet, à Gael, Ille-et-Vilaine.
Williame (Ernest), de Parciennes, à La Chapelle-Thouarault, Ille-et-Vilaine.
William (Georges), de Falisolles, au Pertre, Ille-et-Vilaine.
Wilequet (Alfred), d'Aiseau, à L'Hermitage, Ille-et-Vilaine.
Wilquet (Alfred), d'Aiseau, à La Chapelle-Thouarault, Ille-et-Vilaine.
Wilquemm (Henri), de Saint-Ghislain, à St-Germain-sur-Ille, Ille-et-Vilaine.
Winan (Ernestine), de Ligny, à Gael, Ille-et-Vilaine.
Winand (Auguste) et fam., de Ligny, à Gael, Ille-et-Vilaine.
Woerl (Thérèse), de Strée, à Guichen, Ille-et-Vilaine.
Woltèche (Ephrem), de Montigny-St-Christophe, à Guignen, Ille-et-Vilaine.
Zéamora (Marie), de Thuillies, à Boismorand, Loiret.
Zéamora (Esther), de Thuillies, à Boismorand, Loiret.
Zéamora (Camille), de Thuillies, à Boismorand, Loiret.

11ᵉ LISTE.

Baes (Emma), d'Houttave, à Orléans, Loiret.
Baudré (Lucien) et fam., de Cul-des-Sarts, à Puiseaux, Loiret.
Baugard (Zoé) et enf., de Thuin, à Saint-Lunaire, Ille-et-Vilaine.
Baras (Eugénie), de Rance, au Gron, Yonne.
Barthélemy (Ida), d'Oret, au Caron-Subligny, Yonne.
Barthélemy (Marie), d'Oret, au Caron-Subligny, Yonne.
Barthélemy (Joseph), d'Oret, au Caron-Subligny, Yonne.
Barthélemy (Gustave), d'Oret, au Caron-Subligny, Yonne.
Barthélemy (Sidonie), d'Oret, au Caron-Subligny, Yonne.
Bernet (Octave), de Villiers-le-Gambon, à Royan, Charente-Inférieure.
Bernet (Mme), de Villiers-le-Gambon, à Royan, Charente-Inférieure.
Bernet (André), de Villiers-le-Gambon, à Royan, Charente-Inférieure.
Botte (Clément), d'Arsimont, à Seignelay, Yonne.
Botte (Jules), d'Arsimont, à Seignelay, Yonne.
Botte (Joseph), d'Arsimont, à Seignelay, Yonne.
Botte (Hélène), d'Arsimont, à Seignelay, Yonne.
Botte (Maria), d'Arsimont, à Seignelay, Yonne.
Botte (Anne), d'Arsimont, à Seignelay, Yonne.
Botte (Fernand), d'Arsimont, à Seignelay, Yonne.
Bourguignon (Marie), d'Oret, au Caron-Subligny, Yonne.
Bournonville (Alice), de Villiers-le-Gambon, à Royan, Charente-Inférieure.
Bournonville (Rosa), de Villiers-le-Gambon, à Royan, Charente-Inférieure.
Bruyr (Césarine), d'Arsimont, à Seignelay, Yonne.
Bruyr (Catherine), d'Arsimont, à Seignelay, Yonne.
Bruzaux (Alexandre), de Givry, à Orléans, Loiret.
Bruzaux (Clémence), de Mons, à Orléans, Loiret.
Charllier (Sophie), de Thuin, à Cerisiers, Yonne.
Coudeville (Camiel), d'Houttave, à Orléans, Loiret.
Coudeville (Rachel), d'Houttave, à Orléans, Loiret.
Coudeville (Emma), d'Houttave, à Orléans, Loiret.
Dautzebande (Vital), d'Oret, au Caron-Subligny, Yonne.
Dautzebande (Maria), d'Oret, au Caron-Subligny, Yonne.
Dautzebande (Richard), d'Oret, au Caron-Subligny, Yonne.
Dautzebande (Jeanne), d'Oret, au Caron-Subligny, Yonne.
Dautzebande (Marcelle), d'Oret, au Caron-Subligny, Yonne.
Dautzebande (Jules), d'Oret, au Caron-Subligny, Yonne.
De Blauve (Edouard), d'Houttave, à Orléans, Loiret.
Debut (Juliette), d'Haussinelles, à Sens, Yonne.
Debut (Joseph), d'Haussinelles, à Sens, Yonne.
Debut (Irma), d'Haussinelles, à Sens, Yonne.
Decuyper (Anna), de Thuin, à Seignelay, Yonne.
Decuyper (Emilia), de Thuin, à Seignelay, Yonne.
Decuyper (Joseph), de Thuin, à Seignelay, Yonne.
Dehondt (Isidore), de Lobbes, à La Rochelle, Charente-Inférieure.
Dehondt (Olive), de Lobbes, à La Rochelle, Charente-Inférieure.
Delvaux (Martine), d'Oret, au Caron-Subligny, Yonne.
Delos (Aline), de Solre-sur-Sambre, à Escrennes, Loiret.
Delos (Désiré), de Solre-sur-Sambre, à Escrennes, Loiret.
Delos (Antoinette), de Solre-sur-Sambre, à Escrennes, Loiret.
Delos (Camille), de Solre-sur-Sambre, à Escrennes, Loiret.
Devilers (Joséphine), de Mont-sur-Marchiennes, à Sens, Yonne.
De Zayer (Jules), d'Houttave, à Orléans, Loiret.
Dorval (Marie), d'Haussinelles, à Gron, Yonne.
Dorval (Félix), d'Haussinelles, à Gron, Yonne.
Dorval (Félix), d'Haussinelles, à Gron, Yonne.
Dorval (Aline), d'Haussinelles, à Gron, Yonne.
Dupuis (Elise), de Thuin, à Seignelay, Yonne.
Faivre (Simonin), de ...., à Châlette, Loiret.
Faivre (Jeanne), de ...., à Châlette, Loiret.

Fauville (Gaston) et fam., de Lobbes, à Grenoble, Isère.
Fauville (Paule) et enf., de Lobbes, à Grenoble, Isère.
Foquet (Rosa), de Frasnes, à Joigny, Yonne.
Foquet (Justin), de Frasnes, à Joigny, Yonne.
Foquet (Marguerite), de Frasnes, à Joigny, Yonne.
Foquet (Marcel), de Frasnes, à Joigny, Yonne.
Foquet (Simonne), de Frasnes, à Joigny, Yonne.
Godniss (Hortense), de Lobbes, à Seignelay, Yonne.
Godu (Sidonie), de Termonde, à Mongazon, Maine-et-Loire.
Godu (Charles), de Namur, à Mongazon, Maine-et-Loire.
Goffart (Achille), de Fosses, à Orléans, Loiret.
Gougoux (Alfred) et enf., du Château d'Orval, à Grenoble, Isère.
Gervais (Camille), de Thuin, à Seignelay, Yonne.
Gervais (Marie), de Lobbes, à Seignelay, Yonne.
Gervais (Emile), de Lobbes, à Seignelay, Yonne.
Haas (Victor), de Mont-sur-Marchiennes, à Nice, Alpes-Maritimes.
Hasur (Marie), d'Oret, au Caron-Subligny, Yonne.
Hiermaux (Louis), de Rance, à Gron, Yonne.
Hiermaux (Louise), de Rance, à Gron, Yonne.
Hiermaux (Louis), de Rance, à Gron, Yonne.
Huart (Jeanne), de Mariembourg, à Joigny, Yonne.
Huart (Ulysse), de Mariembourg, à Joigny, Yonne.
Hubot (Arthur), de Villiers-le-Gambon, à Royan, Charente-Inférieure.
Hubot (Hermine), de Villiers-le-Gambon, à Royan, Charente-Inférieure.
Istace (Léon), du Petit-Fays, à Seignelay, Yonne.
Istace (Solange), du Petit-Fays, à Seignelay, Yonne.
Istace (Arthur), du Petit-Fays, à Seignelay, Yonne.
Istace (Eugène), du Petit-Fays, à Seignelay, Yonne.
Labois (Pierrard), de Rance, à Gron, Yonne.
Labois (Louis), de Rance, à Gron, Cher.
Labois (Francine), de Rance, à Gron, Cher.
Labois-Dulière (Elisa), de Rance, à Gron, Cher.
Labois (Léon), de Rance, à Gron, Cher.
Lambert (Marie), du Petit-Fays, à Seignelay, Yonne.
Laventurier (Augustin), d'Oret-Namur, au Caron-Subligny, Yonne.
Laventurier (Raoul), d'Oret-Namur, au Caron-Subligny, Yonne.
Laventurier (Eugène), d'Oret-Namur, au Caron-Subligny, Yonne.
Laventurier (Charles), d'Oret-Namur, au Caron-Subligny, Yonne.
Lorent (Esther), d'Oret-Namur, au Caron-Subligny, Yonne.
Lorent (Adolphe), d'Oret-Namur, au Caron-Subligny, Yonne.
Lorent (Ernest), d'Oret-Namur, au Caron-Subligny, Yonne.
Lechin (Edouard), de Montigny-le-Tilleul, à Gron, Cher.
Lepage (Célestin), de Fosses, à Briare, Loiret.
Lion (Louis) et son épouse, de Beaumont, à Talence, Gironde.
Maillier (Arthur), de Nalinne, à Briare, Loiret.
Maillier-Drobrey (Juliette), de Nalinne, à Briare, Loiret.
Maillier (Irma), de Nalinne, à Briare, Loiret.
Maillier (Louisa), de Nalinne, à Briare, Loiret.
Maillier (Julia), de Nalinne, à Briare, Loiret.
Maillier (Victoria), de Nalinne, à Briare, Loiret.
Maillier (Georgina), de Nalinne, à Briare, Loiret.
Maillier (Nelly), de Nalinne, à Briare, Loiret.
Maillier (Arthur), de Nalinne, à Briare, Loiret.
Malherbe (Aurélie), de Quaregnon, à La Rochelle, Charente-Inférieure.
Malherbe (Louis), de Quaregnon, à La Rochelle, Charente-Inférieure.
Manil (Alphonse), de Hanzinelle, à Gron, Cher.
Manil (Fortunat), de Hanzinelle, à Gron, Cher.
Marcelle (Désirée), de Montigny-le-Tilleul, à Gron, Cher.
Martin-Dorval (Ida), de Hanzinelle, à Gron, Cher.

Mercier (Sophie), de Rance, à Gron, Cher.
Mergaux (Rose), de Hanzinelle, à Gron, Cher.
Mergaux (Marie), de Hanzinelle, à Gron, Cher.
Mettens (Marie), de Mons, à Orléans, Loiret.
Moronval (Célina), de Lacourneuve, à Grenoble, Isère.
Motagne (Lucien), de Vedrin, à Nangeville, Loiret.
Monart (Maria), d'Anvers, à Talence, Gironde.
Monart (Julia), d'Anvers, à Talence, Gironde.
Monart (Joseph), d'Anvers, à Talence, Gironde.
Monart (Emile), d'Anvers, à Talence, Gironde.
Monart (Elisa), d'Anvers, à Talence, Gironde.
Monart (Jean-Baptiste) et fam., d'Anvers, à Talence, Gironde.
Monart (Edmond) et son épouse, d'Anvers, à Talence, Gironde.
Nonglaire (Oscar), de Jemappes, à La Motte-d'Aveillans, Isère.
Oger (Michel), de Hanzinelle, à Gron, Cher.
Oger (Jean), de Hanzinelle, à Gron, Cher.
Oger (Marie), de Hanzinelle, à Gron, Cher.
Oger (Joseph), de Hanzinelle, à Gron, Cher.
Patron (Fernand), de Villiers-le-Gambon, à Royan, Charente-Inférieure.
Patron (Louis), de Villiers-le-Gambon, à Royan, Charente-Inférieure.
Patron (Adelin), de Villiers-le-Gambon, à Royan, Charente-Inférieure.
Patron (Mme), de Villiers-le-Gambon, à Royan, Charente-Inférieure.
Patron (Marguerite), de Villiers-le-Gambon, à Royan, Charente-Inférieure.
Paul (Victor), de Torgny, à Joigny, Yonne.
Pêcheux-Manil (Marie), de Hanzinelle, à Gron, Cher.
Pinchart (Joseph), d'Oret-Namur, au Caron-Subligny, Yonne.
Pitot (Irma), d'Oret-Namur, au Caron-Subligny, Yonne.
Pitot (Camille), d'Oret-Namur, au Caron-Subligny, Yonne.
Pitot (Ernest), d'Oret-Namur, au Caron-Subligny, Yonne.

Plateau (Pierre), d'Arsimont, à Seignelay, Yonne.
Poisseron-Oger (Rosine), de Hanzinelle, à Gron, Yonne.
Racs (Louis), de Thuillos, à Cerisiers, Yonne.
Racs (Louise), de Thuin, à Cerisiers, Yonne.
Racs (Jeanne), de Thuin, à Cerisiers, Yonne.
Rasse (Marie-Louise), de Thuin, à Seignelay, Yonne.
Robert (Honoré), de Vedrin, à Nangeville, Loiret.
Sacré (Lucie), d'Oret-Namur, au Caron-Subligny, Yonne.
Salot (Michel) et son épouse, de Frameries, à Talence, Gironde.
Stimart (Fernand), de Vedrin, à Nangeville, Loiret.
Stimart (Isidore), de Vedrin, à Nangeville, Loiret.
Strauss (Georges) et son épouse, de Paris, à Nice, Alpes-Maritimes.
Thibault (Albert), de Cul-des-Sarts, à Puiseaux, Loiret.
Themisse (Pierre), de Lanaeken, à Annemasse, Haute-Savoie.
Tripias (Mme), de Villiers-le-Gambon, à Royan, Charente-Inférieure.
Trippias (Denise), de Villiers-le-Gambon, à Royan, Charente-Inférieure.
Vanodhenove (Emile), de Montigny-le-Tilleul, à Gron, Cher.
Vanwaesberghe (Idalie), de Houttave, à Orléans, Loiret.
Van Huèle (Victor), de Houttave, à Orléans, Loiret.
Van Huèle (Marie-Louise), de Houttave, à Orléans, Loiret.
Van Huèle (Camiel), de Houttave, à Orléans, Loiret.
Van Huèle (Rachel), de Houttave, à Orléans, Loiret.
Van Huèle (Maurice), de Houttave, à Orléans, Loiret.
Van Huèle (Jérôme), de Houttave, à Orléans, Loiret.
Van Huèle (Yvonne), de Houttave, à Orléans, Loiret.
Vens Van Heersvynyhels (Edeline), d'Ostende, à Orléans, Loiret.
Wanty-Bourgeois (François), de Lobbes, à Grenoble, Isère.
Wanty (Victor), de Lobbes, à Grenoble, Isère.
Wiame (Joseph), de Fosse, à Orléans, Loiret.

12ᴱ LISTE.

Adam (Auguste), de Frameries, à Saint-Etienne, Loire.
Adolphe (Georgina), de Coullet-Amérique, à La Motte-Tilly, Aube.
Adolphe (Orphila), de Coullet-Amérique, à La Motte-Tilly, Aube.
Adolphe (Oscar), de Coullet-Amérique, à La Motte-Tilly, Aube.
Adolphe (Oscarine), de Coullet-Amérique, à La Motte-Tilly, Aube.
Allary (Joseph), d'Ostende, à Bonnétable, Sarthe.
Allary (Marie), d'Ostende, à Bonnétable, Sarthe.
Aneca (Henri) et enf., de Zedelghem, à Suèvres, Loir-et-Cher.
Angelus (Catherine), d'Herent, à Bonnétable, Sarthe.
Arnal-Estenne (Armide), d'Aiseaux, à Troyes, Aube.
Arnal-Estenne (Arthur), d'Aiseaux, à Troyes, Aube.
Arnal-Estenne (Auria), d'Aiseaux, à Troyes, Aube.
Arnal-Estenne (Henriette), d'Aiseaux, à Troyes, Aube.
Arnal-Estenne (Idès), d'Aiseaux, à Troyes, Aube.
Arnal-Estenne (Marcelle), d'Aiseaux, à Troyes, Aube.
Arnal-Duhoy (Philomène), d'Aiseaux, à Troyes, Aube.
Anguier (Alphonse), de Frameries, à Saint-Etienne, Loire.
Anguier (Arthur), de Frameries, à Saint-Etienne, Loire.
Anguier-Carlier (Mme), de Frameries, à Saint-Etienne, Loire.
Baerdemacker (Raymond de), de Somerghem, à Bonnétable, Sarthe.
Baele (Jules), de Gand, à Montrichard, Loir-et-Cher.
Baert (Alphonse), de Bruges, à Romorantin, Loir-et-Cher.
Baken (Charles), d'Ostende, à Bonnétable, Sarthe.
Baken (Fidélia), d'Ostende, à Bonnétable, Sarthe.
Bakher (Jean de), de Malines, à Romorantin, Loir-et-Cher.
Bakher (Maria de) et enf., de Malines, à Romorantin, Loir-et-Cher.
Balle (François), de Montigny-sur-Sambre, à Saint-Etienne, Loire.
Becker (Gustave de) et fam., de Malines, à Blois, Loir-et-Cher.
Banckaert (Arthur), de Louvain, à Montrichard, Loir-et-Cher.
Bary (Marie), de Gozée, à Chavigny-Bailleul, Eure.
Bazet (Jules), de Bruxelles, à Bonnétable, Sarthe.
Beaupain (Maurice), de Beaumont, à La Feuillée, Seine-Inférieure.
Becker (Gustave de) et fam., de Malines, à Blois, Loir-et-Cher.
Beernaert (Jules), de Zedelghem, à Suèvres, Loir-et-Cher.
Bejot (Evariste), de Swevezeele, à Menars, Loir-et-Cher.
Benteim (Emeric), de Thouronde, à Romorantin, Loir-et-Cher.
Béqué (Léon), de Nassandres, à La Haye-de-Calleville, Eure.
Berckmann (Henri) et fam., d'Alost, à Couddes, Loir-et-Cher.
Berckmann (Joseph) et sa femme, d'Alost, à Couddes, Loir-et-Cher.
Bernots (François), de Lierre, à Romorantin, Loir-et-Cher.
Bertrand (Emile), de Paliseul, à Mâcon, Saône-et-Loire.
Bertrand (Emile), de Paliseul, à Mâcon, Saône-et-Loire.
Bertrand (Esther), de Paliseul, à Mâcon, Saône-et-Loire.
Bertrand (Germaine), de Paliseul, à Mâcon, Saône-et-Loire.
Bertrand (Pauline) et enf., de Paliseul, à Mâcon, Saône-et-Loire.
Beukeleirs (Franciscus), de Lier, à Montrichard, Loir-et-Cher.
Beuckels (Maurice), de Bruges, à Bonnétable, Sarthe.
Bie (Louis de) et fam., de Muysen, à Noyers, Loir-et-Cher.

Bisschopp (Bernard) et fam., de Gand, à Romorantin, Loir-et-Cher.
Bissot (Laurent), de Lierre, à Saint-Etienne, Loire.
Blaise (Maria), de Florenville, à Châlons-sur-Marne, Marne.
Blommaert (François), de Meyssé, à Lanthenay, Loir-et-Cher.
Blommaert (Léon) et fam., d'Aertreyche, à Romorantin, Loir-et-Cher.
Boch (Carolus de) et enf., de Dendermonde, à Sambin, Loir-et-Cher.
Boch (Frantz de) et son épouse, de Dendermonde, à Sambin, Loir-et-Ch.
Boek (Jean de) et fam., de Weerde-sur-Senne, à Noyers, Loir-et-Cher.
Boch (Joannès de) et enf., de Dendermonde, à Sambin, Loir-et-Cher.
Boch (Ludovicus de) et fam., de Dendermonde, à Sambin, Loir-et-Cher.
Bolster (Urbânia de) et enf., de Dendermonde, à Sambin, Loir-et-Cher.
Bonkert (Léon) et enf., d'Aertreyche, à Romorantin, Loir-et-Cher.
Bonnet (Gustave), de Vreesbluck, à Billy, Loir-et-Cher.
Bonneval (François), de Bruges, à Neung-sur-Beuvron, Loir-et-Cher.
Bouvier (Zélie), d'Audregnies, à Sablé-sur-Sarthe, Sarthe.
Bouvier (Zélie), d'Audregnies, à Sablé-sur-Sarthe, Sarthe.
Borloo (Pierre) et son frère, de Pamel, à Romorantin, Loir-et-Cher.
Boschman (Hector) et fam., de Hautes-Viberies, à Chailles, Loir-et-Cher.
Boschman (Margarita), d'Anvers, aux Montils, Loir-et-Cher.
Bosschaerts (Jack), de Lierre, à Romorantin, Loir-et-Cher.
Bossecher (Valère de), de Sottegem, à Orléans, Loiret.
Botquin (Jules), de Mainvault, à Bondaroy, Loiret.
Bouchat (Albertine), de Verviers, à Roanne, Loire.
Bouchat (Alexandre), de Rochefort, à Roanne, Loire.
Borremans (Léon), de Lembecque, à Roanne, Loire.
Bouchat (Louis), de Verviers, à Roanne, Loire.
Bouchat (Marie), de Rochefort, à Roanne, Loire.
Bouchat (Yvonne), de Verviers, à Roanne, Loire.
Braecke (Maurice), de Quatrecht, à Montrichard, Loir-et-Cher.
Braem (Rémi), d'Ostende, à Bonnétable, Sarthe.
Brans (Léopold), de Seraing, à Roanne, Loire.
Breemersch (Bertha), de Caeskerke, à Menars, Loir-et-Cher.
Breemersch (Ciriel), de Caeskerke, à Menars, Loir-et-Cher.
Breemersch (Rachel), de Caeskerke, à Menars, Loir-et-Cher.
Bresson (Henri), d'Yxelles, à Pizieux, Sarthe.
Bridoux (Florimond), d'Hornu, à Lillebonne, Seine-Inférieure.
Bricourt (Oscar), de Niverville, à Roanne, Loire.
Briot (Fernand) et fam., de Bruxelles, à Mer, Loir-et-Cher.
Brion (Louis), de Huy, à Montrichard, Loir-et-Cher.
Broucke (Maria), de Caeskerke, à Menars, Loir-et-Cher.
Bruyn (Emile de), de Contich, à Rolleville, Seine-Inférieure.
Bruyninck (Emile), de Louvain, à Noyers, Loir-et-Cher.
Bruyer (Veuve) et fam., de Marbaux-la-Tour, à Dhuizon, Loir-et-Cher.
Buelens (Constant) et fam., de Muysen, à Contres, Loir-et-Cher.
Buelens (Joannes-Baptista) et son ép., de Malines, aux Montils, L.-et-Cher.
Buffel (André), de Zedelghem, à Suèvres, Loir-et-Cher.
Buisseret (Charles), de Gozée, à Chavigny-Bailleul, Eure.

Buisseret (Fare), de Gozée, à Chavigny-Bailleul, Eure.
Bonwer (Henri de), d'OEdelem, à Bonnétable, Sarthe.
Bursens (Marie) et enf., de Dandermonde, à Sambin, Loir-et-Cher,
Busquin (Léon), d'Ecaussines-d'Enghien, à Blois, Loir-et-Cher.
Busschaert (Gustave), de Bruges, à Bonnétable, Sarthe.
Buyser (Marie de), de Malines, à Saint-Romain, Loir-et-Cher,
Byle (Raymond), d'Ustkerk, à Noyers, Loir-et-Cher.,
Cabooter (Liévin), de Ichteghem, à Cropus, Seine-Inférieure.
Caestecker (Gustave), de Bruges, à Bonnétable, Sarthe.
Caffé (Adolphe), d'Aertrycke, à Romorantin, Loir-et-Cher.
Calvaer (Clémencia), d'Anvers, à Montrichard, Loir-et-Cher.
Callebert (Achille) et enf., de St-Michel-lès-Bruges, à St-Romain, L.-et-Ch.
Callewaert (Victor), de Bruxelles, à Bonnétable, Sarthe.
Carton (Thomas), de Bruges, à Bonnétable, Sarthe.
Castrel (Franciscus) et son épouse, d'Anvers, à Montrichard, Loir-et-Cher.
Casteels (Rosalie), de Malines, à Saint-Romain, Loir-et-Cher.
Cauvels (Pierre), de Hourout, à Romorantin, Loir-et-Cher.
Cauvels (Edmond), de Hourout, à Romorantin, Loir-et-Cher.
Cavalier (Firmin), de Belgique, au Havre, Seine-Inférieure.
Cayphas (Fernand), de Gozée, à Chavigny-Bailleul, Eure.
Cayphas (Valentine), de Gozée, à Chavigny-Bailleul, Eure.
Cayphas (Juliette), de Gozée, à Chavigny-Bailleul, Eure.
Cayphas (Hélène), de Gozée, à Chavigny-Bailleul, Eure.
Cayphas (Marthe), de Gozée, à Chavigny-Bailleul, Eure.
Ceuninck (Théophile), de Bruges, à Meung-sur-Beuvron, Loir-et-Cher.
Christioms (Edmond), de Tronchiennes, à Marcilly-en-Gault, Loir-et-Cher.
Christiaen (Henri), de Belgique, à Lanthenay, Loir-et-Cher.
Christiaen (Henri), d'Ichteghem, à Romorantin, Loir-et-Cher.
Clonhet (Gustave), de Gand, à Romorantin, Loir-et-Cher.
Claes (Joseph), de Contich, à Rolleville, Seine-Inférieure.
Clabot (Gustave), de Couillet, à Roanne, Loire.
Claessens (Paulus), de Dendermonde, à Sambin, Loir-et-Cher.
Claeys (Théophile), de Tronchiennes, à Marcilly-en-Gault, Loir-et-Cher.
Claeys (Eugène), de Bruges, à Bonnétable, Sarthe.
Chabot (Céleste), de Couillet, à Roanne, Loire.
Clerck (Joseph de), de Bruges, à Bonnétable, Sarthe.
Clerck (Émile de), d'Aucbrouck, à Bonnétable, Sarthe.
Clerck (Hippolyte de), de Bruges, à Bonnétable, Sarthe.
Clerck (Maurice de), de Bruges, à Bonnétable, Sarthe.
Clootber (Adolphe de), de Bruges, à Bonnétable, Sarthe.
Classet (Fernand), de Bruxelles, à Bonnétable, Sarthe.
Clymans (Joseph), de Ruysbrock, à Billy, Loir-et-Cher.
Clybouer (Jérôme), de Schteghem, à Cropus, Seine-Inférieure.
Clybouer (Cyrille), de Schteghem, à Cropus, Seine-Inférieure.
Cobbaert (Richardus) et fam., d'Anvers, à Montrichard, Loir-et-Cher.
Coevoets (Hubert), de Bruxelles, à Bonnétable, Sarthe.
Coenen (Désiré), de Contich, à Rolleville, Seine-Inférieure.
Colébrand (Jean) et fam., d'Hofstade-lès-Malines, à Couddes, Loir-et-Cher.
Colebrants (Jean-Baptiste) et fam., de Contres, Loir-et-Cher.
Cool (Joannès) et fam., de Couillet, à Dhuizon, Loir-et-Cher.
Cordier (Marcel), de Charleroi, à Mâcon, Saône-et-Loire.
Corbeels (Edouard), de Wespeler, à Bonnétable, Sarthe.
Corbeels (Marie), de Wygmael, à Noyers, Loir-et-Cher.
Corbeels (Auguste) et fam., de Malines, à Noyers, Loir-et-Cher,
Corbeels (Joannès) et fam., d'Haecht, à Noyers, Loir-et-Cher.
Corbeels (Philippine), de Wygmael, à Noyers, Loir-et-Cher.
Corte (Théophile de), d'Ustkerk, à Noyers, Loir-et-Cher.
Coster (François de), du Brabant, à Bonnétable, Sarthe.
Couter (Emmanuel Van) et fam., d'Alost, à Blois, Loir-et-Cher.
Couvreur (François), de Gand, à Bonnétable, Sarthe.
Coune (Henri), d'Erquelinnes, à Saint-Valéry-en-Caux, Seine-Inférieure.
Crauvels (Mlles) et leur mère, d'Anvers, aux Montils, Loir-et-Cher.
Crépin (Marcel), de Bruxelles, à Bonnétable, Sarthe.
Crol (Marie), d'Hofstade-lès-Malines, à Couddes, Loir-et-Cher.
Cuyle (Joseph), d'Ichteghem, à Bonnétable, Sarthe.
Cuyle (César), d'Ichteghem, à Bonnétable, Sarthe.
Cuyprex (Camille de), de Blankenberghe, à Noyers, Loir-et-Cher.
Daenen (Arthur), de Malines, à Vivoin, Sarthe.
Daenen (Anna-Maria), de Malines, à Vivoin, Sarthe.
Daenen (Jean-Baptiste), de Malines, à Vivoin, Sarthe.
Daenekindt (Adrien), de Sophen, à Bonnétable, Sarthe.
Daenekindt (Maurice), de Sophen, à Bonnétable, Sarthe.
Dame (Paul), de Cuesmes, à La Feuillée, Seine-Inférieure.
Daumerie (René) et son frère, de Charleroi, à Bracquemont, Seine-Infér.
Dandoy (Octave), de Godarville, à Blois, Loir-et-Cher.
Daschot (René), de Wenduyne, à Saint-Romain, Loir-et-Cher.
Daschot (Médard), d'Uytkerke, à Saint-Romain, Loir-et-Cher.
Debelder (Émile), de Warres, à Romorantin, Loir-et-Cher.
Deblaere (Coralie), de Schteghem, à Cropus, Seine-Inférieure.
Debleich (Gustave), de Bruges, à Romorantin, Loir-et-Cher.
Debot (Jules) et enf., de Schteghem, à Cropus, Seine-Inférieure.

Debonwer (Arthur), d'Ostende, à Bonnétable, Sarthe.
Debuyncher (Achille), d'Ellezelles, à Belbeuf, Seine-Inférieure.
Declercq (Maurice), de Meerendré, à Bonnétable, Sarthe.
Declercq (Adolphe), de Lichtervelde, à Menars, Loir-et-Cher,
Declercq (Richard), de Swevezeele, à Menars, Loir-et-Cher.
Decoen (Dominique), de Pamel, à Romorantin, Loir-et-Cher.
Deeook (Raymond), de Swevezeele, à Menars, Loir-et-Cher,
Dechesne (Léopold) et son épouse, de Liège, à Fécamp, Seine-Inférieure.
Dedeken (Richard), d'Aertrycke, à Romorantin, Loir-et-Cher.
Dedouder (Auguste) et son épouse, de Malines, à Cormeray, Loir-et-Cher.
Deedechen (Dominique), de Pamel, à Romorantin, Loir-et-Cher.
Degrave (Jean), de Gozée, à Chavigny-Bailleul, Eure.
Degrave (Jules), de Stevens, à Romorantin, Loir-et-Cher.
Degruyter (Arthur), de Blankenberghe, à Bonnétable, Sarthe.
Dekeuster (Philippe), d'Herent, à Bonnétable, Sarthe.
Dekeuster (Marie), d'Herent, à Bonnétable, Sarthe.
Dekeuster (Rosalie), d'Herent, à Bonnétable, Sarthe.
Dekeuster (Ferdinand), d'Herent, à Bonnétable, Sarthe.
Dekeuster (Joseph), d'Herent, à Bonnétable, Sarthe.
Delacourt (Désiré), d'Oschamp, à Romorantin, Loir-et-Cher.
Delaet (Catherine), de Muysen, à Bonnétable, Sarthe.
Delafontaine (Émeris), de Swevezeele, à Menars, Loir-et-Cher.
Delafontaine (Henri), de Swevezeele, à Menars, Loir-et-Cher,
Delanghe (Edouard), de Romscappelle-Nieuport, à Bonnétable, Sarthe.
Delavilette (Paulet), d'Anvers, à Roanne, Loire.
Delahaye (Charles), de Mainvault, à Bondaroy, Loiret.
Deliens (Antoine) et son épouse, de Bruxelles, au Havre, Seine-Inférieure.
Delohel (Victor), de Bruxelles, à Bonnétable, Sarthe.
Deloddere (Émile), de Bruges, à Bonnétable, Sarthe.
Deloloy (Joseph), de Mons, au Havre, Seine-Inférieure.
Deloover (Félicia), de Dargence, à Roanne, Loire.
Deloover (Fernande), de Dargence, à Roanne, Loire.
Deloover (Jules), de Dargence, à Roanne, Loire.
Deloover (Maria), de Dargence, à Roanne, Loire.
Deloover (Pierre), de Dargence, à Roanne, Loire.
Demarer (Léon), d'Ecaussines-d'Enghien, à Blois, Loir-et-Cher.
Demol (Rosalie), de Malines, à Romorantin, Loir-et-Cher.
Demoustier et fam., de Mons, à Fougères, Loir-et-Cher.
Denoo et enf., d'Aertrycke, à Romorantin, Loir-et-Cher.
Depoorter (Alphonse), de Vladsloo, à Menars, Loir-et-Cher.
Depuydt (René), d'Edewaele-Handzoeme, à Blèves, Sarthe.
Derden (Michaël) et son épouse, d'Anvers, aux Montils, Loir-et-Cher.
Derny (François), de Belgique, à Roanne, Loire.
Deroux (Eugène), d'Anvers, au Havre, Seine-Inférieure.
Derryche (Auguste), d'Ichteghem, à Romorantin, Loir-et-Cher.
Deschoolmeester (Léopold), de Blankenberghe, à Bonnétable, Sarthe.
Deschoolmeester (Léon), de Blankenberghe, à Bonnétable, Sarthe.
Deschryder (Philemde), de Moorsel, à Romorantin, Loir-et-Cher.
Descouy (Louis), de Mons, au Havre, Seine-Inférieure.
Desmeat (Isidore), de Jalbecke, à Neung-sur-Beuvron, Loir-et-Cher.
Desmedt (Louis), d'Aertrycke, à Romorantin, Loir-et-Cher.
Desmedt (Auguste), de Jalbecke, à Neung-sur-Beuvron, Loir-et-Cher.
Desmet (Joséphine), d'Ecckeve-Bark, à Romorantin, Loir-et-Cher.
Desmet (Albert), de Gand, à Marcilly-en-Gault, Loir-et-Cher.
Desreux (Albert), de Bruxelles, à Pizieux, Sarthe.
Deswaste (Camille), de Ste-Croix-lès-Bruges, à Neung-s.-Beuvron, Loir-et-Ch.
Deville (Émile), de Bruges, à Neung-sur-Beuvron, Loir-et-Cher.
Devisxker (Georges), de Gand, à Romorantin, Loir-et-Cher.
Devolder (Alphonse), d'Erneghem, à Cropus, Seine-Inférieure.
Devos (Florentin), d'Ostende, à Bonnétable, Sarthe.
Devouge (Joseph) et son épouse, de Hautes-Wiheries, à Chailles, Loir-et-Ch.
Devouge (Edmond) et son épouse, de Hautes-Wiheries, à Chailles, Loir-et-Ch.
Devuyst (Arthur) et son frère, d'Hazebrouck, à Neung-s.-Beuvron, L.-et-Ch.
Dewitte (Jules), de Gand, à Suèvres, Loir-et-Cher.
Dewitte (Léon), de Gand, à Suèvres, Loir-et-Cher.
Dewitte (Jules), de Gand, à Suèvres, Loir-et-Cher.
Dierich (Jules), de Jemmapes, au Havre, Seine-Inférieure.
Dieriche (Edgard), de Saint-Gils, à Roanne, Loire.
Dieryckx (Louis), de Gand, à Suèvres, Loir-et-Cher.
Dieryckx (Georges), de Gand, à Suèvres, Loir-et-Cher.
Dieryckx (Jean), de Gand, à Suèvres, Loir-et-Cher.
Diriclix (Guillelmmus) et Joannès (Bap.), de Lierre, à Montrichard, L.-et-Ch.
Dindoune (Auguste), de Marcinelle, à Saint-Étienne, Loire.
Dom (Armand), d'Anvers, à Orléans, Loiret.
Doms (Henri), de Bruxelles, à Bonnétable, Sarthe.
Doneux (Alfred), de Chatelineau, à Beaune-la-Rolande, Loiret.
Dopchie (Jean), de Bruges, à Bonnétable, Sarthe.
Dougniaux (Auguste), de Sambre-sur-Sambre, à Saint-Privé, Loiret.
Doukers (Lucia) et enf., d'Anvers, à Montrichard, Loir-et-Cher.
Doutreloup (Léon), de Sprimont, à Chanteau, Loiret.
Dubois (Camélia), de Couillet, à Saint-Étienne, Loire.

Dubois (Céline), de Couillet, à Saint-Étienne, Loire.
Dubois (Camille), de Couillet, à Saint-Étienne, Loire.
Dubois (Charles), d'Ellezelles, à Belbeuf, Seine-Inférieure.
Dubois (Paul), de Bruxelles, à Bonnétable, Sarthe.
Ducheyne (Adolphe), d'Hoboken, à Neung-sur-Beuvron, Loir-et-Cher.
Dufour (Augustin), d'Elouges, à La Feuillée, Seine-Inférieure.
Dugreel (Jean), d'Andrehakt, à Montrichard, Loir-et-Cher.
Dupon (Sabina), d'Hal, à Cropus, Seine-Inférieure.
Dupon (Phanilde), d'Hal, à Cropus, Seine-Inférieure.
Dupon (Prosper), d'Ichtegem, à Cropus, Seine-Inférieure.
Dupont (Gustave et Camille), d'Ichteghem, à Romorantin, Loir-et-Cher.
Dutramois (Georges), de Maindault, à Bondaroy, Loiret.
Dutrou (Laurent), d'Ostende, à Bonnétable, Sarthe.
Dutrou (Marguerite), d'Ostende, à Bonnétable, Sarthe.
Dutrou (Germaine), d'Ostende, à Bonnétable, Sarthe.
Duynsiger (Jean), de Bruges, à Bonnétable, Sarthe.
Duwelz (Paul), de Gand, à Bonnétable, Sarthe.
Eeckhoux (Adolf), de Swevezeele, à Ménars, Loir-et-Cher.
Eleymans (Joseph), de Raysbroch, à Romorantin, Loir-et-Cher.
Engelbertin (Rommelum), de Stuyvekeenskerie, à Romorantin, Loir-et-Cher.
Engelborgh (Édouard), de Thieldouck, à Bonnétable, Sarthe.
Everaert (Léontius) et fam., d'Ostende, aux Montils, Loir-et-Cher.
Everaert (Victor) et sa sœur, de Contich, à Rolleville, Seine-Inférieure.
Eysermans (Gommain), de Lierre, à Romorantin, Loir-et-Cher.
Fabré (Octave), de Bruxelles, à Bonnétable, Sarthe.
Fack (Émile), de Gand, à Bonnétable, Sarthe.
Feys (Charles), de Saint-Michel, à Bonnétable, Sarthe.
Floes (Joseph), d'Hombeek, à Romorantin, Loir-et-Cher.
Floes (Eugène) et fam., de Malomme, à Romorantin, Loir-et-Cher.
Flor (Antoinette), de Belgique, à Saint-Étienne, Loire.
Fontaine (Auguste), de Marcinelle, à Saint-Étienne, Loire.
Fricot (Adolphe), de Seraing, à Saint-Étienne, Loire.
Gabriels (Gustave), de Malines, à Bonnétable, Sarthe.
Garnier (François), de Malines, à Bonnétable, Sarthe.
Garré (Henri), de Bruxelles, à Bonnétable, Sarthe.
Gaspard (Alfred), de Bruxelles, à Bonnétable, Sarthe.
Gaynbels (François), de Malines, à Pizieux, Sarthe.
Gaypbas (Pierre), de Gozée, à Chavigny-Bailleul, Eure.
Gehellen (Pierre), de Malines, à Bonnétable, Sarthe.
Genger (Alexandre) et fam., de Malines, à Fresnes, Loir-et-Cher.
Germain (Charles), de Bruxelles, à Bonnétable, Sarthe.
Gettemeus (Jean), à Romorantin, Loir-et-Cher.
Glineur (Albert), d'Audregnies, à Sablé-sur-Sarthe, Sarthe.
Glineur (Jean), d'Audregnies, à Sablé-sur-Sarthe, Sarthe.
Glineur (Pierre), d'Audregnies, à Sablé-sur-Sarthe, Sarthe.
Gluck (Ernest), de Gand, à Montrichard, Loir-et-Cher.
Godart (Gilbert), de La Bouverie, au Mans, Sarthe.
Godart (Elise), de La Bouverie, au Mans, Sarthe.
Godart (Achille), de La Bouverie, au Mans, Sarthe.
Godefroy (Florent) et fam., de Franseries, à Vineuil, Loir-et-Cher.
Goetals (Albertine), d'Ostende, à Bonnétable, Sarthe.
Goethals (Prosper), de Bruges, à Bonnétable, Sarthe.
Goethals (François), d'Ostende, à Bonnétable, Sarthe.
Goëmans (Mme) et fam., de Châtelet, à Vineuil, Loir-et-Cher.
Gomimne (Alphonse), de Bruges, à Montrichard, Loir-et-Cher.
Goetaes (François), de Gand, à Suèvres, Loir-et-Cher.
Gooris (Jean), de Bruxelles, à Bonnétable, Sarthe.
Goor (Joseph), de Vickervort, à Fresnes, Loir-et-Cher.
Gosseau (Jean), d'Anvers, au Havre, Seine-Inférieure.
Gonthière (Marguerite), de Gozée, à Chavigny-Bailleul, Eure.
Gonze (Hubert), de Saint-Mogand, à Saint-Étienne, Loire.
Govaert (Anna) et enf., de Lier, à Montrichard, Loir-et-Cher.
Goyvaerts (André), de Muyssen, à Bonnétable, Sarthe.
Goyvaerts (Pierre), de Muyssen, à Bonnétable, Sarthe.
Goyvaerts (Cornilia), de Muyssen, à Bonnétable, Sarthe.
Goyvaerts (Catherine), de Muyssen, à Bonnétable, Sarthe.
Goyvaerts (Irène), de Muyssen, à Bonnétable, Sarthe.
Grave (Gérôme de), de Caeskerke, à Ménars, Loir-et-Cher.
Grave (Léon de), de Caeskerke, à Ménars, Loir-et-Cher.
Grave (Alice de), de Caeskerke, à Ménars, Loir-et-Cher.
Groeve (Édouard), de Bruges, à Bonnétable, Sarthe.
Groof (Pierre de) et fam., de Malines, à Fresnes, Loir-et-Cher.
Grootjans (Jean), de Malines, à Coutres, Loir-et-Cher.
Gryse (Maurice de), d'Ostende, à Bonnétable, Sarthe.
Gryse (Henri de), d'Ostende, à Bonnétable, Sarthe.
Gryse (Charles de), d'Ostende, à Bonnétable, Sarthe.
Gryson (Oscar), d'Aertrich, à Bonnétable, Sarthe.
Guilini (Jules), de Bruges, à Bonnétable, Sarthe.
Guilini (Louis), de Bruges, à Bonnétable, Sarthe.
Guilini (Léonard), de Blankenberghe, à Bonnétable, Sarthe.
Guilini (Marcel), de Bruges, à Bonnétable, Sarthe.

Guilini (Oscar), de Bruges, à Bonnétable, Sarthe.
Gunn (Elodie), d'Ostende, à Bonnétable, Sarthe.
Gunn (Walter), d'Ostende, à Bonnétable, Sarthe.
Gunn (Decis), d'Ostende, à Bonnétable, Sarthe.
Gysel (Charles), d'Haudraenne, à Lanthenay, Loir-et-Cher.
Gysel (Jules), d'Haudraenne, à Lanthenay, Loir-et-Cher.
Gyselinck (Joannes), de Gand, à Marcilly-en-Gault, Loir-et-Cher.
Gyselinck (Rémi), de Gand, à Marcilly-en-Gault, Loir-et-Cher.
Haes (Frans de), d'Anvers, à Montrichard, Loir-et-Cher.
Haen (Georges de), de Bruxelles, à Bonnétable, Sarthe.
Hainault (Pierre) et fam., de Gozée, à Chailles, Loir-et-Cher.
Haise (Désiré), de Bruxelles, à Montrichard, Loir-et-Cher.
Hans (Victor) et son épouse, de Châtelet, à Vineuil, Loir-et-Cher.
Hardy (Joseph), de Frod.-Chapelle, à La Motte-Tilly, Aube.
Hausebout (Camille), de Cortemarck, à Ménars, Loir-et-Cher.
Hauquier (Fernand), de Jemmapes, à Dieppe, Seine-Inférieure.
Hebbe (Florimond), de Bruges, à Bonnétable, Sarthe.
Henroteau (André), d'Hazebrouck, à Neung-sur-Beuvron, Loir-et-Cher.
Herbecq (Émile) et fam., de Gozée, à Chailles, Loir-et-Cher.
Herenthals (Léon), de Bruges, à Romorantin, Loir-et-Cher.
Herzensthals et fam., de Saint-Mihiels, à Romorantin, Loir-et-Cher.
Hespel (Rémi), de Gand, à Bonnétable, Sarthe.
Heytens (Frédéric), de Bruxelles, à Bonnétable, Sarthe.
Heynderick (Polydoor), de Ledeberg, à Neung-sur-Beuvron, Loir-et-Cher.
Hochard (Jean), de Mont-sur-Marchiennes, à Envermeu, Seine-Inférieure.
Holsters (Ludovicus), de Malines, à Villaines-la-Carelle, Sarthe.
Holsters (Anna), de Malines, à Villaines-la-Carelle, Sarthe.
Holsters (Anna-Philomena), de Malines, à Villaines-la-Carelle, Sarthe.
Holsters (Elvira), de Malines, à Villaines-la-Carelle, Sarthe.
Holsters (Joseph), de Malines, à Villaines-la-Carelle, Sarthe.
Holsters (Jean), de Malines, à Villaines-la-Carelle, Sarthe.
Holsters (Maria), de Malines, à Villaines-la-Carelle, Sarthe.
Holsters (Maria-Catharina), de Malines, à Villaines-la-Carelle, Sarthe.
Hoorens (Michel et Cyriel), de Ramscapelle, à Romorantin, Loir-et-Cher.
Hoornaert (Amatus) et fam., d'Ostende, aux Montils, Loir-et-Cher.
Husson (Albert), de Luxembourg, à Canehan, Seine-Inférieure.
Huyelen (Jacob) et fam., de Malines, à Fresnes, Loir-et-Cher.
Huys (Guillaume), de Bruges, à Bonnétable, Sarthe.
Jacobs (Cornélie), de Malines, à Contres, Loir-et-Cher.
Jacques et son épouse, à Salbris, Loir-et-Cher.
Janssens (Jean), de Borgerhout-lez-Anvers, à Noyers, Loir-et-Cher.
Janssens (Pierre) et fam., de Hofstade-les-Malines, à Couddes, Loir-et-Cher.
Janssens (Emmanuel) et fam., de Malines, à Montoire, Loir-et-Cher.
Janssens (Max), d'Ichteghem, à Cropus, Seine-Inférieure.
Jauquet (Adolphe), de Chimay, à Yvetot, Seine-Inférieure.
Joos (Achille), de Meerendre, à Bonnétable, Sarthe.
Kerrebrouck (Cyrille), de Saint-Michel, à Lanthenay, Loir-et-Cher.
Keymeulen (Henri), de Cherscamp, à Montrichard, Loir-et-Cher.
Kinthaert (Richard), de Bruges, à Neung-sur-Beuvron, Loir-et-Cher.
Kuln (Sophie) et enf., de Pâturages, à Vineuil, Loir-et-Cher.
Kuyls (Henri), d'Herent, à Bonnétable, Sarthe.
Labrouche (Marie-Joseph), de Séramy, à Montrichard, Loir-et-Cher.
Laessens (Pauline) et enf., de Malines, à Romorantin, Loir-et-Cher.
Lagaert (François), de Wasmuuster, à Pizieux, Sarthe.
Lalié (Joseph), de Kotselaer, à Marcilly-en-Gault, Loir-et-Cher.
Laleux (Jules), d'Erquelinnes, à Orléans, Loiret.
Lambert (Mlle), de La Bouverie, à Chaumont-sur-Loire, Loir-et-Cher.
Lambert (Gustave) et enf., d'Assebrouck, à Neung-sur-Beuvron, Loir-et-Cher.
Landroyk (Vital) et fam., d'Oedelem, à Romorantin, Loir-et-Cher.
Lannoy (Henri), de Saint-Gilles, à Envermeu, Seine-Inférieure.
Larivière (Maria), de Malines, à Vivoin, Sarthe.
Lazet (Émile) et fam., d'Arsemaux, à Chémery, Loir-et-Cher.
Lebeau (Gaston), de Jamioulx, à Chailles, Loir-et-Cher.
Le Bret (Georgius) et son épouse, d'Ostende, aux Montils, Loir-et-Cher.
Le Bret (Romain), d'Ostende, aux Montils, Loir-et-Cher.
Leclerc (Auguste), de Chassepierre, à Nogent-sur-Aube, Aube.
Leclercq et son épouse, de Daussou, à Saint-Aignan, Loir-et-Cher.
Lecomte (Félix), de Ham-sur-Heure, à Rouen, Seine-Inférieure.
Lefèvre et son épouse, de Chimay, au Tréport, Seine-Inférieure.
Lefèvre (Charles) et fam., de Bièvre, à Blois, Loir-et-Cher.
Lefebvre (Joseph), d'Hennuyères, à Saint-Étienne, Loire.
Lejeune (Augustine), de Gozée, à Chavigny-Bailleul, Eure.
Lejeune (Ivan), de Gozée, à Chavigny-Bailleul, Eure.
Lejeune (Chrysostome), d'Ostende, à Bonnétable, Sarthe.
Lejeune (Coralie), d'Ostende, à Bonnétable, Sarthe.
Lemmens (Joseph), d'Herent, à Bonnétable, Sarthe.
Lenaers (Jules), d'Anvers, à Bonnétable, Sarthe.
Longlet (Georges), d'Ixelles-Bruxelles, à Bonnétable, Sarthe.
Lens (Victor), de Wavre-Notre-Dame, au Havre, Seine-Inférieure.
Lens (Émile), de Wavre-Notre-Dame, au Havre, Seine-Inférieure.
Lenssens (Marie) et enf., de Termonde, à Romorantin, Loir-et-Cher.

Lenssens (Louise), de Termonde, à Lanthenay, Loir-et-Cher.
Lenssens (François), de Termonde, à Lanthenay, Loir-et-Cher.
Lenssens (Adolphe), de Termonde, à Lanthenay, Loir-et-Cher.
Lenssens (Léopold) et fam., de Termonde, à Romorantin, Loir-et-Cher.
Lenssens (Léopold), de Termonde, à Lanthenay, Loir-et-Cher.
Lenssens (Colette), de Termonde, à Lanthenay, Loir-et-Cher.
Leroy (François), de Nassandres, à La Haye-de-Calleville, Eure.
Leseul (Mariette), de Bruxelles, à Bourges, Cher.
Leveke (Edouard), de Bruxelles, à Bonnétable, Sarthe.
Levens (Marie), de Muysen, à Bonnétable, Sarthe.
Levens (Marie), de Muysen, à Bonnétable, Sarthe.
Levens (Jean), de Muysen, à Bonnétable, Sarthe.
Levens (François), d'Hever, à Bonnétable, Sarthe.
Levens (Pauline), de Muysen, à Bonnétable, Sarthe.
Levens (François), de Muysen, à Bonnétable, Sarthe.
Leysen (Pierre) et fam., de Mont-s.-Marchienne, à Chémery, Loir-et-Cher.
Leyseele (Adolphe et Ernest), de Gand, à Suèvres, Loir-et-Cher.
Lietard (Rosa), de Gozée, à Chavigny-Bailleul, Eure.
Lievens (Evariste), de Zedelghem, à Suèvres, Loir-et-Cher.
Lievens (Ernest), de Zedelghem, à Suèvres, Loir-et-Cher.
Lievens (Prudent), de Zedelghem, à Suèvres, Loir-et-Cher.
Logghe (Séraphin), de Thourout, à Bonnétable, Sarthe.
Lutard (Maria), de Gozée, à Chavigny-Bailleul, Eure.
Marchal (Emile), de Laroche, à Romorantin, Loir-et-Cher.
Martens (Camille), de Wingene, à Bonnétable, Sarthe.
Maroquin (Sidonie), de Frameries, à Saint-Étienne, Loire.
Maryns (Léon et Robert), de Gand, à Romorantin, Loir-et-Cher.
Martens (Jérôme et Charles), d'Aertrycke, à Romorantin, Loir-et-Cher.
Mastrey (Eusèbe et Aloïse), d'Ichteghem, à Romorantin, Loir-et-Cher.
Mastrey (Aloïse), d'Ichteghem, à Lanthenay, Loir-et-Cher.
Massez (Léon), d'Ellezelles, à Belbeuf, Seine-Inférieure.
Mathens (Edmondus), de Lierre, à Montrichard, Loir-et-Cher.
Mauroy (Adhémar), de Mons, au Havre, Seine-Inférieure.
Maurysse (Edouard), d'Aertrycke, à Romorantin, Loir-et-Cher.
Merckx (Ludovic), de Malines, à Saint-Romain, Loir-et-Cher.
Merckx (Pierre) et fam., de Lierre, à Romorantin, Loir-et-Cher.
Meeschaert (Hector et Antoine), d'Uytkerke, à Saint-Romain, Loir-et-Cher.
Messeuv (Louis), d'Uytkerke, à Saint-Romain, Loir-et-Cher.
Messens (François), de Boitsford, à Bonnétable, Sarthe.
Mennier (Alida), d'Ostende, à Bourges, Cher.
Meuris (Léon), de Gand, à Romorantin, Loir-et-Cher.
Michel (Jules), d'Anvers, au Havre, Seine-Inférieure.
Miroux (François), de Malines, à Fresnes, Loir-et-Cher.
Mispelon (Julien), de Cortemarck, à Ménars, Loir-et-Cher.
Missian (Adolphe), de Lens, à Bonnétable, Sarthe.
Moens (Sylvain) et fam., de Saint-Gilles-lès-Termonde, à Solommes, L.-et-C.
Moerman (Florimond), de Bruges, à Bonnétable, Sarthe.
Moerman (Alfred), de Bruges, à Bonnétable, Sarthe.
Moerman (Germain), de Bruges, à Bonnétable, Sarthe.
Moerman (Henri), de Bruges, à Bonnétable, Sarthe.
Moerman (Eugène), de Bruges, à Bonnétable, Sarthe.
Moll (Marie de) et enf., de Malines, à Romorantin, Loir-et-Cher.
Mollet (Albert), de Dour, à La Feuillée, Seine-Inférieure.
Morns (Camille), de Moorsell, à Romorantin, Loir-et-Cher.
Mortier (Mme), de Zedelghem, à Bonnétable, Sarthe.
Mortier (Edouard), de Zedelghem, à Bonnétable, Sarthe.
Mortier (Julie), de Zedelghem, à Bonnétable, Sarthe.
Mortier (Sidonie), de Zedelghem, à Bonnétable, Sarthe.
Mortier (Maria), de Zedelghem, à Bonnétable, Sarthe.
Mortier (Jérôme), de Zedelghem, à Bonnétable, Sarthe.
Mortier (Auguste), de Zedelghem, à Bonnétable, Sarthe.
Mortier (Robertine), de Zedelghem, à Bonnétable, Sarthe.
Mortier (Léonard), de Zedelghem, à Bonnétable, Sarthe.
Mortier (Robertine), de Zedelghem, à Bonnétable, Sarthe.
Mossay (Apolline), d'Ostende, à Bourges, Cher.
Mouchet (Louis), d'Hastiére-Lavaux, à Orléans, Loiret.
Moyersoen (Louis), d'Alost, à Bonnétable, Sarthe.
Mussche (Jules), de Somerghem, à Bonnétable, Sarthe.
Mutschaut (Léopold), de Gentbrugge, à Marcilly-en-Gault, Loir-et-Cher.
Musschoot (Gustave), de Tronchien-Chaussée, à Marcilly-en-Gault, Loir-et-C.
Musschoot (Yvo), de Lophem, à Bonnétable, Sarthe.
Musschoot (Jules), de Lophem, à Bonnétable, Sarthe.
Marquet (Léopold), de Seraing, à Saint-Étienne, Loire.
Meeroman (Joseph de), de Jette-Saint-Pierre, à Roanne, Loire.
Neisen (Bernard), de Namur, à Roanne, Loire.
Nève (Henri de), d'Ustkerk, à Noyers, Loir-et-Cher.
Nève (Armand de), d'Ustkerk, à Noyers, Loir-et-Cher.
Nève (Gustave de), d'Ustkerk, à Noyers, Loir-et-Cher.
Noces (Rosalia) et fam., de Lierre, à Montrichard, Loir-et-Cher.
Noël (Jean) et fam., des Hautes-Wiheries, à Chailles, Loir-et-Cher.
Notté (Maurice), de Gand, à Marcilly-en-Gault, Loir-et-Cher.

Nourmaux (Adelin), de Charleroi, à Saint-Étienne, Loire.
Nuyens (Henrius) et son épouse, d'Anvers, à Montrichard, Loir-et-Cher.
Odon (Debach), de Mainvault, à Bondaroy, Loiret.
Opde-Beeck (Jean), de Wavre-Notre-Dame, au Havre, Seine-Inférieure.
Pay (Jean), de Bruxelles, à Bonnétable, Sarthe.
Pelgvims (Marcel), de Malines, à Marcilly-en-Gault, Loir-et-Cher.
Pelgrims (Jean-Baptiste) et fam., de Baelen, à Marcilly-en-Gault, L.-et-Cher.
Penet (Henry) et fam., de Châtelet, à Contres, Loir-et-Cher.
Penninckx (Joseph) et fam., de Semps, à Cormeray, Loir-et-Cher.
Perbelst (Henri), de Haï, à Cropus, Seine-Inférieure.
Perdiens (Alphonse), de Winxele, à Bonnétable, Sarthe.
Perquy (Edgard), de Lophem, à Bonnétable, Sarthe.
Pintelon (Alphonse), de Bruges, à Neung-sur-Beuvron, Loir-et-Cher.
Piteux (Félicien), de ..., à Châlons-sur-Marne, Marne.
Platteau (Phillidor), de Murbeke, à Romorantin, Loir-et-Cher.
Ploym (Henricus) et fam., de Lierre, à Montrichard, Loir-et-Cher.
Pollaert (Ernest), de Malines, à Vivoin, Sarthe.
Pollaert (Jeanne), de Malines, à Vivoin, Sarthe.
Pollaert (Joseph), de Malines, à Vivoin, Sarthe.
Pollaert (Kaerl), de Malines, à Vivoin, Sarthe.
Pollaert (Victorine), de Malines, à Vivoin, Sarthe.
Pollaert (Séraphine), de Malines, à Vivoin, Sarthe.
Pollaert (Louis), de Malines, à Vivoin, Sarthe.
Ponsart (Joseph) et fam., d'Augnée, à Châlons-sur-Marne, Marne.
Pouillié (Achille), de Langemarck, à Bonnétable, Sarthe.
Prat (François), de Schorisse, à Belheuf, Seine-Inférieure.
Prince (Georges de), de Bruges, à Romorantin, Loir-et-Cher.
Quertinmont (Constant), de Gozée, à Chavigny-Bailleul, Eure.
Quertinmont (Aglaé), de Gozée, à Chavigny-Bailleul, Eure.
Qubilin (Louise), de Verviers, à Mâcon, Saône-et-Loire.
Quoilin (Eva), de Verviers, à Mâcon, Saône-et-Loire.
Rainbaux (Fernand), d'Erquelinnes, à Aumale, Seine-Inférieure.
Ramboer (Maurice), de Schtegbem, à Cropus, Seine-Inférieure.
Ruspe (René), de Bruxelles, à Bonnétable, Sarthe.
Remmans (Léontine), de Louvain, à Vivoin, Sarthe.
Remmans (Henri), de Louvain, à Vivoin, Sarthe.
Renaud (Marguerite), de Florenville, à Châlons-sur-Marne, Marne.
Reunbroeck (René), de Nieuport, à Bonnétable, Sarthe.
Revoteau (Georges), d'Ostende, à Orléans, Loiret.
Ridder (Antoine de), de Termonde, à Bonnétable, Sarthe.
Ridey (Siméon), d'Ostende, à Bonnétable, Sarthe.
Rivière (Aimé), de Couillet, à Dieppe, Seine-Inférieure.
Robert (Honoré), de Vedron, à Orléans, Loiret.
Roebbens (Théophile), de Gand, à Suèvres, Loir-et-Cher.
Roegren (Henri), de Saint-Michel-lès-Bruges, à Romorantin, Loir-et-Cher.
Rogmans (Georges), de Virginal, à Bonnétable, Sarthe.
Roman (Adhémar), d'Ellezelles, à Belbeuf, Seine-Inférieure.
Roos (Gustave), de St-Michel-lès-Bruges, à Neung-s.-Beuvron, Loir-et-Cher.
Roos (Joseph), de Bruges, à Neung-sur-Beuvron, Loir-et-Cher.
Rorives (Omer) et son épouse, de Wams, au Havre, Seine-Inférieure.
Rosar (Caroline), de ..., à Saint-Étienne, Loire.
Rosseau (Léonard), de Gand, à Montrichard, Loir-et-Cher.
Roussel (Julia), de Florenville, à Châlons-sur-Marne, Marne.
Ruvthoorens (Philémon) et fam., de Couillet, à Dhuizon, Loir-et-Cher.
Ryckmans (Servatius) et son épouse, de Malines, à Suèvres, Loir-et-Cher.
Ryckmans (Isidore), de Bruges, à Suèvres, Loir-et-Cher.
Ryckart (Richard), de Monceau-sur-Sambre, à Bonnétable, Sarthe.
Ryckart (Georges), de Monceau-sur-Sambre, à Bonnétable, Sarthe.
Ryckart (Marie), de Monceau-sur-Sambre, à Bonnétable, Sarthe.
Ryckart (Georgette), de Monceau-sur-Sambre, à Bonnétable, Sarthe.
Ryckart (Berthe), de Monceau-sur-Sambre, à Bonnétable, Sarthe.
Ryckart (Hector), de Monceau-sur-Sambre, à Bonnétable, Sarthe.
Ryngaert (Prosper), de Zedelghem, à Suèvres, Loir-et-Cher.
Sacré (Marie), de Termonde, à Lanthenay, Loir-et-Cher.
Saciens (Philémon), d'Ophasselt, à La Haye-de-Calleville, Eure.
Saclens (Valère) et son frère, d'Ichteghem, à Cropus, Seine-Inférieure.
Salembier (Henri), de Jemappes, à Dieppe, Seine-Inférieure.
Samijn (Camiel), de Cortemarck, à Ménars, Loir-et-Cher.
Samijn (Hector), de Cortemarck, à Ménars, Loir-et-Cher.
Samijn (Isidore), de Cortemarck, à Ménars, Loir-et-Cher.
Saranno (Sidonie), de Monceau-sur-Sambre, à Bonnétable, Loir-et-Cher.
Saranno (Bertha), de Monceau-sur-Sambre, à Bonnétable, Sarthe.
Schryter (Joannes) et fam., de Dendermonde, à Sambin, Loir-et-Cher.
Scheers (Edgard), de Bruxelles, à Fresnes, Loir-et-Cher.
Scheerens (Alida), de Saint-Michel-lès-Bruges, à Saint-Romain, Loir-et-Cher.
Schryver (Louis de), de Blankenberghe, à Bonnétable, Sarthe.
Scole (Camille), de Gand, à Marcilly-en-Gault, Loir-et-Cher.
Sedyn (Victor), de Bruxelles, à Bonnétable, Sarthe.
Seghers (André), de Saint-Gilles-lès-Bruges, à La Drelas, Loir-et-Cher.
Sel (Marie) et fam., d'Anvers, à Romorantin, Loir-et-Cher.
Senders (Joseph), de Bruxelles, à Bonnétable, Sarthe.

Serraes (Ernest) et frères, de Gand, à Suèvres, Loir-et-Cher.
Scutens, de Malines, à Saint-Romain, Loir-et-Cher.
Soys (Constant), d'Ostende, à Bonnétable, Sarthe.
Seymaes (Henri), de Lierre, à Romorantin, Loir-et-Cher.
Simpels (Arthur), d'Ostende, à Bonnétable, Sarthe.
Smalle (Auguste), de Bruges, à Bonnétable, Sarthe.
Smet (Edgard de), de Bruxelles, à Bonnétable, Sarthe.
Smedts (Pétrus) et son épouse, d'Heydonck, à Montrichard, Loir-et-Cher.
Smetz (Maria), d'Anvers, à Montrichard, Loir-et-Cher.
Soete (Marcel), de Ramscapelle, à Bonnétable, Sarthe.
Somers (Pierre) et fam., d'Hofstade-lès-Malines, à Couddes, Loir-et-Cher.
Soupart (Léon) et son frère, du Rœuix, à Tôtes, Seine-Inférieure.
Spéels (Albert), de Bruges, à Lanthenay, Loir-et-Cher.
Speels (Albert), de Bruges, à Romorantin, Loir-et-Cher.
Spurgé (François), de Malines, à Romorantin, Loir-et-Cher.
Stallaert (Michel) et fam., de Termonde, à Selommes, Loir-et-Cher.
Stallaert (Pierre) et fam., de Termonde, à Selommes, Loir-et-Cher.
Steenbrugge (Louis), de Gand, à Romorantin, Loir-et-Cher.
Stiévenard (Christian), de Frameries, au Havre, Seine-Inférieure.
Stootmans (Clémence), de Lierre, à Chéramé, Sarthe.
Stroolants (François) et enf., de Wygmael, à Noyers, Loir-et-Cher.
Strubbe (Aimé) et enf., de Schteghem, à Cropus, Seine-Inférieure.
Stuyrh (Jean), de Bruxelles, à Romorantin, Loir-et-Cher.
Sucaet (Maurice), de Waerschoot, à Montoire, Loir-et-Cher.
Suetens (Jeanne), de Malines, à Saint-Romain, Loir-et-Cher.
Suphic (Jacques), de Gand, à Romorantin, Loir-et-Cher.
Terebout (Stéphanie) et enf., de Châteliueau, aux Montils, Loir-et-Cher.
Terrein (Louis), de Gand, à Romorantin, Loir-et-Cher.
Terry (Paul), d'Ostende, à Bonnétable, Sarthe.
Teugels (Clotilde), de Malines, aux Montils, Loir-et-Cher.
Thévenet (Gustave), de Mortehan, à Mâcon, Saône-et-Loire.
Thévenet (Marie), de Mortehan, à Mâcon, Saône-et-Loire.
Thibaut (Léopold) et enf., de Jamioulx, à Chailles, Loir-et-Cher.
Thomas (Marie), de Jamoigne, à Châlous-sur-Marne, Marne.
Thoon (Carolus), d'Ostende, à Vivoin, Sarthe.
Thoon (Anna), d'Ostende, à Vivoin, Sarthe.
Thoon (Yvonne), d'Ostende, à Vivoin, Sarthe.
Thoon (Berthe), d'Ostende, à Vivoin, Sarthe.
Thoon (Léopold), d'Ostende, à Vivoin, Sarthe.
Thoon (Carolus), d'Ostende, à Vivoin, Sarthe.
Timmerman (Eugène), de Bruges, à Neung-sur-Beuvron, Loir-et-Cher.
Timmerman (Polydor), de Moussel, à Roanne, Loire.
Timmermans (Jean), de Bruxelles, à Bonnétable, Sarthe.
Tournay (Joseph) et fam., de Marbais-La-Tour, à Dhuizon, Loir-et-Cher.
Trooskens (Alphonse) et fam., de Malines, à Cormeray, Loir-et-Cher.
Tyllemau (Odielle), d'Edewaele-Handzoême, à Blèves, Sarthe.
Uerschaeren (Maria) et fam., de Lierre, à Montrichard, Loir-et-Cher.
Urbain (Joseph), des Paturages, à Blois, Loir-et-Cher.
Uvijn (Frédéric), de Marebbek, à Blèves, Sarthe.
Valraevens (Charles) et fam., de Malines, à Romorantin, Loir-et-Cher.
Van Assel (Julien), d'Anvers, à Montrichard, Loir-et-Cher.
Van Bellen (Gustave), de Bruges, à Bonnétable, Sarthe.
Van Brocketaele (Charles), de Bruges, à Montrichard, Loir-et-Cher.
Vauberberghe (Léon), d'Essen, à Romorantin, Loir-et-Cher.
Vaubellinghen (Arthur), de Borgt-Combert, à Romorantin, Loir-et-Cher.
Vaubuggenhout (Léon), d'Aertryche, à Romorantin, Loir-et-Cher.
Vancanter (Auguste) et son épouse, d'Alost, à Couddes, Loir-et-Cher.
Vancauter (André) et son épouse, d'Alost, à Couddes, Loir-et-Cher.
Van Camp (Alphonse), de Boom, à Rolleville, Seine-Inférieure.
Vandaele (François), de Gand, à Romorantin, Loir-et-Cher.
Van den Eede (Pierre et Jean), de Moorsell, à Romorantin, Loir-et-Cher.
Van den Ende (Maurice), de Moorsell, à Romorantin, Loir-et-Cher.
Vanden Henvel (Léonard), de Malines, à Pizieux, Sarthe.
Vanden Heuvel (Michel), de Malines, à Pizieux, Sarthe.
Vanclooster (Alexis), d'Ostende, à Bonnétable, Sarthe.
Vandanhrouck (Gustave), de Buggenhout, à Roanne, Loire.
Van de Cautez (Pétronille) et enf., de Malines, à Contres, Loir-et-Cher.
Van den Broch (Théophile), de Lebbeck, à Roanne, Loire.
Van den Bern (François), d'Ostende, à Montrichard, Loir-et-Cher.
Vandenbrock (Mme), de Couillet, à Saint-Étienne, Loire.
Van den Broeck (Louis), de Bruxelles, à Bonnétable, Sarthe.
Van den Gucht (Marie-Louise), d'Hal, à Bonnétable, Sarthe.
Van den Gucht (Louise), d'Hal, à Bonnétable, Sarthe.
Van den Gucht (Albert), d'Hal, à Bonnétable, Sarthe.
Van den Brande (Pieter) et son épouse, de Malines, aux Montils, L.-et-Cher.
Van der Bruggen (Albert), d'Anvers, à Bonnétable, Sarthe.
Van der Cruyssen (Cyrille), de Vitteren, à Marcilly-en-Gault, Loir-et-Cher.
Vanderroort (Joseph), de Lierre, à Romorantin, Loir-et-Cher.
Vande- anche (Prosper), de Gand, à Neung-sur-Beuvron, Loir-et-Cher.
Vanderplanche (Marie), de Swevezele, à Menars, Loir-et-Cher.
Vanderplanche (Camiel), de Swevezeele, à Menars, Loir-et-Cher.

Vanderplanche (Victor), de Swevezeele, à Menars, Loir-et-Cher.
Vanderplanche (Zoé), de Swevezeele, à Menars, Loir-et-Cher.
Vanderplanche (Jules), de Swevezeele, à Menars, Loir-et-Cher.
Vanderpoule (Albert), de Gand, à Romorantin, Loir-et-Cher.
Van de Velde (Victor) et fam., de Niel, à Suèvres, Loir-et-Cher.
Vandervelde (Léonard), d'Ichteghem, à Romorantin, Loir-et-Cher.
Vanderwildt (Jean) et fam., de Malines, à Cormeray, Loir-et-Cher.
Vaudescastelle (Gustave), de Zedelghem, à Romorantin, Loir-et-Cher.
Vandevalle (Ignacius) et sa fam., d'Uytkerke, à St-Romain, Loir-et-Cher.
Vandeverme (François), de Bruxelles, à . . . ., Loir-et-Cher.
Vandenabrile (François), de Termonde, à Romorantin, Loir-et-Cher.
Vandenberghe (Marcel), de Gand, à Suèvres, Loir-et-Cher.
Vandenberghe (Émile) et fam., d'Ichteghem, à Romorantin, Loir-et-Cher.
Vandercam (Alexandre), de Lessines, à Contres, Loir-et-Cher.
Vandenberghe (René), d'Ostende, à Bonnétable, Sarthe.
Vandenheade (Edmond), de Blankenberghe, à Bonnétable, Sarthe.
Van den Boeymann (Jean-Baptiste), de Malines, à Fresnes, Loir-et-Cher.
Van der Wee (Gommair), de Lierre, à Chérancé, Sarthe.
Van der Wee (Sidonie), de Lierre, à Chérancé, Sarthe, .
Van der Wee (Gérard), de Lierre, à Chérancé, Sarthe.
Van der Wilds (Edmond), de Terhagen, à Montrichard, Loir-et-Cher.
Van der Auvera (Alfred) et fam., de Malines, à Cormeray, Loir-et-Cher.
Van der Wee (Johanna), de Lierre, à Chérancé, Sarthe.
Vanderbeke (Joseph), de Bruges, à Bonnétable, Sarthe.
Vanderbeke (Désiré), de Bruges, à Bonnétable, Sarthe.
Vandevelde (Arthur), de Thieldonck, à Bonnétable, Sarthe.
Vandevelde (Joseph), de Thieldonck, à Bonnétable, Sarthe.
Vandevelde (Georges), de Ramscappelle, à Bonnétable, Sarthe.
Vandevalde (Cyrille), de Ramscappelle-Nieuport, à Bonnétable, Sarthe.
Vandewalle (Raymond), de Gand, à Bonnétable, Sarthe.
Vandisbranden (Armand), de Gand, à Marcilly-en-Gault, Loir-et-Cher.
Van Dorpe (Jean), de Gand, à Montrichard, Loir-et-Cher.
Van Eister (Petrus), de Lierre, à Montrichard, Loir-et-Cher.
Van Eister (Wilhelm), de Lierre, à Montrichard, Loir-et-Cher.
Van Eister (Petrus-François), de Lierre, à Montrichard, Loir-et-Cher.
Van Eister (Jeannette), de Lierre, à Montrichard, Loir-et-Cher.
Van Eister (Gummarus), de Lierre, à Montrichard, Loir-et-Cher.
Van Geirt (Adolphe) et fam., de Termonde, à Selommes, Loir-et-Cher.
Van Gestelen (Auguste), d'Hoboken, à . . ., Sarthe.
Van Gestelen (Denis), d'Hoboken, à Bonnétable, Sarthe.
Van Gheysel, de Bruxelles, à Romorantin, Loir-et-Cher.
Van Gheysel, de Termonde, à Lanthenay, Loir-et-Cher.
Van Grindenbeck (Paul), de Bruxelles, à Bonnétable, Sarthe.
Vanghelhure (René), de Cortemarck, à Romorantin, Loir-et-Cher.
Van Herzule (Marie), de Monceau-sur-Sambre, à Bonnétable, Sarthe.
Van Hoey (Guillaume), de Malines, à Blois, Loir-et-Cher.
Van Hoey (Guillaume), de Malines, à Fresnes, Loir-et-Cher.
Van Hoorenbeeck (Carolus) et enf., de Rhumpst, à Montrichard, L.-et-C.
Van Hoorenbeeck (Joanna) et enf., de Rhumpst, à Montrichard, E.-et-L.
Vanhove (Rémi), de Gand, à Marcilly-en-Gault, Loir-et-Cher.
Vanhoorn (Prudent), d'Edewaele-Handzoême, à Blèves, Sarthe.
Vanhove (Prosper), d'Ichteghem, à Cropus, Seine-Inférieure.
Vankijkeghem (Emilie), d'Ichteghem, à Cropus, Seine-Inférieure.
Vanryckeghem (Léon), de Thourout, à Bonnétable, Sarthe.
Van Leemput (Jean), de Lierre, à Romorantin, Loir-et-Cher.
Van Linden (Louis), de Contich, à Rolleville, Seine-Inférieure.
Van Maele (Aloïs), de Swevezeele, à Menars, Loir-et-Cher.
Van Maele (Maurice), d'Eeneghen, à Menars, Loir-et-Cher.
Van Manderen (Eugène), d'Anvers, à Bonnétable, Sarthe.
Van Middel (Charles), de Bruges, à Bonnétable, Sarthe.
Van Nuffelen (Catherine), de Malines, à Marcilly-en-Gault, Loir-et-Cher.
Van Overstraeten (Bernardus), de Lierre, à Montrichard, Loir-et-Cher.
Van Richvelde (Maurice), de Lophem, à Bonnétable, Sarthe.
Van Richvelde (Camille), de Lophem, à Bonnétable, Sarthe.
Van Rycheghem (Edouard), d'Uytkerke, à Saint-Romain, Loir-et-Cher.
Van Rycheghem (Léopold), d'Uytkerke, à Saint-Romain, Loir-et-Cher.
Van San (Maria), de Willebrouch, à Vivoin, Sarthe.
Van San (Louis), de Willebrouch, à Vivoin, Sarthe.
Van San (Petrus), de Willebrouch, à Vivoin, Sarthe.
Van San (Maria), de Willebrouch, à Vivoin, Sarthe.
Van San (Franciscus), de Willebrouch, à Vivoin, Sarthe.
Van Steckelman (Cornelis), de Muysen, à Bonnétable, Sarthe.
Van Steckelman (Marie), de Muysen, à Bonnétable, Sarthe.
Van Steckelman (Henri), de Muysen, à Bonnétable, Sarthe.
Van Steckelman (Charles), de Muysen, à Bonnétable, Sarthe.
Van Steckelman (Mathilde), de Muysen, à Bonnétable, Sarthe.
Van Stevens (Louis), d'Anvers, à Paris, Seine.
Van Witembergh (Raymond), de Gendbrugge, à Marcilly-en-Gault, L.-et-L.
Van Wulpen (Louis), de Blankenberghe, à Bonnétable, Sarthe.
Van Wynsberghe (Jules) et enf., de Swevezeele, à Menars, Loir-et-Cher.
Van Zelle (Arcade), d'Evergen, à Montrichard, Loir-et-Cher.

Vastraeck (Julien), de St-Mihiel, à Romorantin, Loir-et-Cher.
Vekemans (Jean), de Malines, à Romorantin, Loir-et-Cher.
Vekemans (Marie), de Malines, à Romorantin, Loir-et-Cher.
Vekemans (Pierre) et fam., de Malines, à Romorantin, Loir-et-Cher.
Vel (Joseph de) et fam., d'Alost, à Couddes, Loir-et-Cher.
Vendebroock (Jeanne) et fam., de Malines, à Cormeray, Loir-et-Cher.
Vens (Achille), d'Ostende, à Orléans, Loiret.
Verbrugghe (Jules), de Bruges, à Romorantin, Loir-et-Cher.
Verbrugghe (Cyrille), de Bruges, à Bonnétable, Sarthe.
Vercruyce (Gaston), de Blankenberghe, à Bonnétable, Sarthe.
Verstraete (Willem), de St-Michel, à Lanthenay, Loir-et-Cher.
Verstract (Guillaume), de St-Mihiel, à Romorantin, Loir-et-Cher.
Verstraete (Rodolphe), de St-Mihiel, à Romorantin, Loir-et-Cher.
Verschaets (René), de Thourout, à Montoire, Loir-et-Cher.
Vermeulen (Léon), de Ste-Croix-lès-Bruges, à Neung-sur-Beuvron, L.-et-C.
Vermeulen (Eugène), de Tronchien, à Marcilly-en-Gault, Loir-et-Cher.
Verlinden (Elisabeth) et fam., de Lierre, à Montrichard, Loir-et-Cher.
Verkeyn (Julien et Cyrille), de Zedelghem, à Suèvres, Loir-et-Cher.
Verhoeven (Henri) et fam., de Muysen, à Contres, Loir-et-Cher.
Verhasselt (Virgina) et enf., de Sempt, à Noyers, Loir-et-Cher.
Verhaeghe (Louis), de Bruges, à Bonnétable, Sarthe.
Verlinde (Edouard), de Brabant, à Bonnétable, Sarthe.
Verlinde (Charles), d'Ettelghem, à Bonnétable, Sarthe.
Vergucht (Henri), d'Anvers, à Bonnétable, Sarthe.
Vermootele (Adolphe), de Blankenberghe, à Bonnétable, Sarthe.
Verplancke (Lucien), de Blankenberghe, à Bonnétable, Sarthe.
Verschuere (Julien), d'Ostende, à Bonnétable, Sarthe.
Verdonck (Auguste), de Brabant, à Bonnétable, Sarthe.
Verhelst (Auguste), d'Ichteghem, à Cropus, Seine-Inférieure.
Verhulst (Armand), d'Ham-sur-Heure, à Orléans, Loiret.
Verwilgheur (Gustave), de Bruges, à Orléans, Loiret.
Veyvermans (Jules), de Muysen, à Bonnétable, Sarthe.
Villems (Elisabeth), de Malines, aux Montils, Loir-et-Cher.
Vinné (Edmond de) et enf., de Malines, à St-Romain, Loir-et-Cher.
Vinné (François de), de Malines, à Saint-Romain, Loir-et-Cher.
Voet (Auguste), d'Oostacker, à Romorantin, Loir-et-Cher.
Voo (Vincent de), de Bruges, à Noyers, Loir-et-Cher.
Voorhoofd (Jacques), de Lierre, à Romorantin, Loir-et-Cher.
Voussure (Auguste), d'Yxelles, à Pizieux, Sarthe.
Vocht (Franciscus de), d'Anvers, aux Montils, Loir-et-Cher.
Vogelaere (Charles de), de Gand, à Montrichard, Loir-et-Cher.
Vonhovenbeke (Elisa), d'Icteghem, à Cropus, Seine-Inférieure.
Wachter (Henricus de) et son épouse, de Rhumpst, à Montrichard, L.-et-C.
Waegemacker (Camille de), de Gand, à Marcilly-en-Gault, Loir-et-Cher.
Waegemacker (Georges de), de Gand, à Marcilly-en-Gault, Loir-et-Cher.

Waegemacker (Oscar), de Gand, à Marcilly-en-Gault, Loir-et-Cher.
Waerenborgh (François) et fam., d'Anvers, à Contres, Loir-et-Cher.
Wandel (Gustave de), de Gand, à Montrichard, Loir-et-Cher.
Want (François) et fam., de Bouffioulx, à Vineuil, Loir-et-Cher.
Wante (François), de Gand, à Bonnétable, Sarthe.
Warnez (René), de Swevezeele, à Menars, Loir-et-Cher.
Warnez (Jules), de Swevezeele, à Menars, Loir-et-Cher.
Warrebrouck (Joseph), de Muysen, à Bonnétable, Sarthe.
Watin (Marie), de Carnières, au Mans, Sarthe.
Wattelon, de Belgique, à Saint-Etienne, Loire.
Wantiez (Henri), de Montceau-sur-Sambre, au Mans, Sarthe.
Wens (Edgar) et son épouse, de Malines, à Romorantin, Loir-et-Cher.
Werbrugghe (Stanislas), d'Assebrouck, à Romorantin, Loir-et-Cher.
Wérotte (René), de Gand, à Bonnétable, Sarthe.
Westerleng (Clément), de Gand, à Romorantin, Loir-et-Cher.
Willems (Henri) et fam., d'Anvers, à Montrichard, Loir-et-Cher.
Willems (Elisabeth), de Malines, aux Montils, Loir-et-Cher.
Winckler (Joseph) et fam., de Malines, à Cormeray, Loir-et-Cher.
Wispeleir (Henri de) et fam., d'Anvers, à Romorantin, Loir-et-Cher.
Wispeleir (Joseph de) et son épouse, d'Anvers, à Romorantin, Loir-et-Cher.
Wit (Jean de) et fam., de Semps, à Cormeray, Loir-et-Cher.
Witte-Vrogel (Théodore), de Blankenberghe, à Bonnétable, Loir-et-Cher.
Witte (Jules de), de Gand, à Bonnétable, Loir-et-Cher.
Witte (Judas de), d'Anderlues, à St-Etienne, Loire.
Witte (Judas de), de Charleroi, à Roanne, Loire.
Woelmans (Guillaume), de Quévy-le-Grand, au Havre, Seine-Inférieure.
Wolf (Pierre de), de Charleroi, à Houillières, Loire.
Wolf (Sophie de), de Charleroi, à Saint-Etienne, Loire.
Wolfs (Henri) et fam., de Malines, à Romorantin, Loir-et-Cher.
Wolfs (Julien), de Cortemarck, à Romorantin, Loir-et-Cher.
Wollemis (Henri), de Louvain, à Montrichard, Loir-et-Cher.
Woover (André de), de Ledeberg, à Suèvres, Loir-et-Cher.
Wuyts (Maria) et enf., d'Anvers, à Montrichard, Loir-et-Cher.
Wuyts (Isidore), de Lierre, à Chérancé, Sarthe.
Wuyts (Bernard), de Lierre, à Chérancé, Sarthe.
Wuyts (Emma), de Lierre, à Chérancé, Sarthe.
Wuyts (Johanna), de Lierre, à Chérancé, Sarthe.
Wuyts (Maria), de Lierre, à Chérancé, Sarthe.
Wuyts (Corneille), de Lierre, à Chérancé, Sarthe.
Wuyts (Anna), de Lierre, à Chérancé, Sarthe.
Wuyts (Franciscus), de Lierre, à Chérancé, Sarthe.
Wuyts (Maria-Josepha), de Lierre, à Chérancé, Sarthe.
Wuyts (Jean-Baptiste), de Lierre, à Chérancé, Sarthe.
Wuyts (Maria-Sophia), de Lierre, à Chérancé, Sarthe.
Zingé (Léon), de Bruxelles, à Bonnétable, Sarthe.

13ᵉ LISTE.

Abbeloos (Eve-Lisa), de Louvain, à Crécy, Loiret.
Aelter (Cyrille), d'Aertrycke, à Mamers, Sarthe.
Allard (Marthe), de Brébéville, à St-Romain-de-Benet, Charente-Inférieure.
Alloo (Emile), de Bruges, à Neufchâtel, Sarthe.
Allary (Maurice), de Schoore, à Prunay-sous-Ablis, Seine-et-Oise.
André (Augustine), de Charleroi, à Muret, Haute-Garonne.
Andries (Joseph), de Bruges, à Mamers, Sarthe.
Andries (Julien), de Bruges, à Mamers, Sarthe.
Andries (Joseph), de Bruges, à Mamers, Sarthe.
Anthennis (Firmin), de Ledeberg, à Lublé, Indre-et-Loire.
Archambeau (Gustave), d'Hanzinelle, à Ambarès, Gironde.
Aspeslach (Léopold), de Bruges, à Thoigné, Sarthe.
Audin (Alfred), de La Framerie, à St-Christophe-en-Boucherie, Indre.
Audin (Olga), de La Framerie, à St-Christophe-en-Boucherie, Indre.
Baillez (Marcel), de Meslin-l'Evêque, à Nesles, Seine-et-Marne.
Baillez (Jules), de Meslin-l'Evêque, à Nesles, Seine-et-Marne.
Baijot (Achille) et fam., de Tripères, au Bouscat, Gironde.
Bailly (Adolie), d'Anderlues, à Pommiers, Indre.
Bailly (Adelin), d'Anderlues, à Pommiers, Indre.
Bailly (Camille), d'Anderlues, à Pommiers, Indre.
Bailly (Elie), d'Anderlues, à Pommiers, Indre.
Bailly (Gustavines), d'Anderlues, à Pommiers, Indre.
Bailly (Rochelle), d'Anderlues, à Pommiers, Indre.
Bailly (Elise), d'Anderlues, à Pommiers, Indre.
Bastin (Auguste), de Sivry, à Mareau-aux-Bois, Loiret.
Bastin (Germaine), de Sivry, à Mareau-aux-Bois, Loiret.
Baudelet (Camille), de Bouffioulx, à Gien, Loiret.
Baudelet (Vital), de Bouffioulx, à Gien, Loiret.
Baudeven (Richard), d'Hautem-St-Liévin, à Nesles, Seine-et-Marne.
Baussart (Georges), de Ham-sur-Heure, à Lyon, Rhône.
Beaumetz (Paul), d'Anderlues, à Arthon, Indre.

Belgique.

Beaumetz (Léopold), d'Anderlues, à Arthon, Indre.
Beaumetz (Joseph), d'Anderlues, à Arthon, Indre.
Beaumetz (Gaston), d'Anderlues, à Arthon, Indre.
Beaumetz (Fernand), d'Anderlues, à Arthon, Indre.
Beaumetz (Elise), d'Anderlues, à Arthon, Indre.
Beauthon (Jean-Pierre), de Pondelou, à Saint-Aubin, Indre.
Beckers (Gérard), d'Anvers, à Channay, Indre-et-Loire.
Belder (Henriel de), de Malines, à Bagneux, Indre.
Benoît (Arsel), de Tamines, à Francueil, Indre-et-Loire.
Bernard (Louis), de Rance, à Champlemy, Nièvre.
Bernet (Jeanne), de Villers-le-Gambon, à Royan, Charente-Inférieure.
Bernet (Octave), de Villers-le-Gambon, à Royan, Charente-Inférieure.
Bernet (André), de Villers-le-Gambon, à Royan, Charente-Inférieure.
Bertrain (François), de ...., à Samonac, Gironde.
Berwart (Pierre) et fam., de Ligny, à Orléans, Loiret.
Besombe (Léon), de Leroux, à Saizy, Nièvre.
Beun (Adolphe), de Marchiennes-au-Pont, à Marseille, Bouches-du-Rhône.
Beuseinck (Maurice), de Bruges, à Mamers, Sarthe.
Beyer (Hubert), de Liége, à Lamothe-Landerron, Gironde.
Bienvenue (Rigobert) et fam., de Fontaine-Anthée, à Bordeaux, Gironde.
Biaumet (Léon), d'Anderlues, à Pommiers, Indre.
Biget (Joseph) et fam., de Chimay, à Blois, Loir-et-Cher.
Binon (Fernand), de Frameries, à La Grand'Combe, Gard.
Binon (Désiré), de Frameries, à La Grand'Combe, Gard.
Blairon (Philomène), de Frameries, à La Grand'Combe, Gard.
Blondeei (François), de Bruges, à Mamers, Sarthe.
Bock (Georges), de ...., à Marseille, Bouches-du-Rhône.
Bock (Mme), et enf., d'Izel, à Châteaurenard, Bouches-du-Rhône.
Bock (Georges) et son épouse, d'Izel, à Châteaurenard, Bouches-du-Rhône.
Bockstach (Léon), de Suynaerde, à Courcelles, Indre-et-Loire.
Bodard (Domitilde), de Namur, à Pressigny, Loiret.

Bodard (Adelin), de Namur, à Pressigny, Loiret.
Bodard (Odile), de Namur, à Pressigny, Loiret.
Bois (Louis de), de Bruges, à Thoigné, Sarthe.
Bontemps (Noémie), de Macquignies, à La Celle-Guenand, Indre-et-Loire.
Bonneville (Ernest) et fam., de Gand, au Bouscat, Gironde.
Borremans (Eugénie), de Mollenbeck-Saint-Jean, à Brèches, Indre-et-Loire.
Borremans (François), de Mollenbeck-Saint-Jean, à Brèches, Indre-et-Loire.
Boterbery (Léopoldine), d'Erpe, à Audeville, Loiret.
Boterbery (Edouard) et fam., d'Erpe, à Audeville, Loiret,
Bougard (Edmond), d'Anderlues, à Yzeures, Indre-et-Loire.
Bougard (Mme), d'Anderlues, à Yzeures, Indre-et-Loire,
Bougard (Placide), d'Anderlues, à Yzeures, Indre-et-Loire.
Bougard (Esther), d'Anderlues, à Mettray, Indre-et-Loire.
Bougard (Jules), d'Anderlues, à Mettray, Indre-et-Loire.
Bougard (Claire), d'Anderlues, à Mettray, Indre-et-Loire.
Bougard (Blanche), d'Anderlues, à Mettray, Indre-et-Loire.
Bougard (Henri), d'Anderlues, à Mettray, Indre-et-Loire.
Bougard (Florentin), d'Anderlues, à Yzeures, Indre-et-Loire.
Bouillot (Charles) et fam., d'Arsimont, à Arles, Bouches-du-Rhône.
Bourgeois (Georges) et fam., de Strée, à Limours, Seine-et-Oise.
Bourgeois (Alfred) et fam., de Strée, à Limours, Seine-et-Oise.
Bourguignon (Félicien), de Maissin, à Saint-Brieuc, Côtes-du-Nord.
Bourguignon (Mme) et enf., de . . . , à Mouriès, Bouches-du-Rhône.
Bourdaloix (Jeanne), d'Oret, à Saujon, Charente-Inférieure.
Bourdaloix (Pierre), d'Oret, à Saujon, Charente-Inférieure.
Bournonville (Rosa), de Villers-le-Gambon, à Royan, Charente-Inférieure.
Bournonville (Alice), de Villers-le-Gambon, à Royan, Charente-Inférieure.
Bouvry (Julien), d'Herquegies, à Nesles, Seine-et-Marne.
Bouyed (Carmes), de Hautes-Wiheries, à Verneuil-sur-Indre, Indre-et-
    Loire.
Bouyed (Inès), de Hautes-Wiheries, à Verneuil-s.-Indre, Indre-et-Loire.
Bouyed (Robert), de Hautes-Wiheries, à Verneuil-s.-Indre, Indre-et-Loire.
Bouyed (Emilia), de Hautes-Wiheries, à Verneuil-s.-Indre, Indre-et-Loire.
Bouyed (Jules), de Hautes-Wiheries, à Verneuil-s.-Indre, Indre-et-Loire.
Bouyed (Juliette), de Hautes-Wiheries, à Verneuil-s.-Indre, Indre-et-Loire.
Bouyed (Aglaé), de Hautes-Wiheries, à Verneuil-s.-Indre, Indre-et-Loire.
Braecke (Léopold), de Gendbrugge, à Channay, Indre-et-Loire.
Brechaux (Renée), de Thuin, à Dolus, Indre-et-Loire.
Brechaux (Mme), de Thuin, à Dolus, Indre-et-Loire.
Briasse (Victor), de Liége, à Channay, Indre-et-Loire.
Brichaux (Emile), de Thuin, à Dolus, Indre-et-Loire.
Broot (Emile) et fam., d'Anderlues, à Samonac, Gironde.
Brunici (Maurice), de Ruysels, à Courcelles, Indre-et-Loire.
Buchet (Françoise), de Beaumont, à Royan, Charente-Inférieure.
Busschaert (Louis), de Genthrugge-lez-Gand, à Couesmes, Indre-et-Loire.
Cailleaux (Léontine), de Paturages, à Tours, Indre-et-Loire.
Cailleaux (Arthur), de Paturages, à Tours, Indre-et-Loire.
Cailleaux (Célina), de Paturages, à Tours, Indre-et-Loire.
Cailleaux (H.), de Paturages, à Tours, Indre-et-Loire.
Caillot (Félicien), de Frameries, à La Grand'Combe, Gard.
Caillot (Estelle), de Frameries, à La Grand'Combe, Gard.
Caillot (Marie), de Frameries, à La Grand'Combe, Gard.
Callebout (Joseph), de Bruges, à Thoigné, Sarthe.
Cappelmann et fam., d'Arsimont, à Arles, Bouches-du-Rhône.
Cappelmann, d'Arsimont, à Arles, Bouches-du-Rhône.
Carbonnelle (Félix), de Tournay, à Baraize, Indre.
Carbonnelle (Louis), de Tournay, à Baraize, Indre.
Carbonnelle (Félix), de Tournay, à Baraize, Indre.
Carlier (Joséphine), de Hornu, à Mareau-aux-Bois, Loiret.
Carrier (Philippine), de Quaregnon, à La Grand'Combe, Gard.
Castus (Adolphine), de Maissin, à Saint-Brieuc, Côtes-du-Nord.
Castus (Emile), de Maissin, à Saint-Brieuc, Côtes-du-Nord,
Castus (Marie), de Maissin, à Saint-Brieuc, Côtes-du-Nord.
Castus (Adeline), de Maissin, à Saint-Brieuc, Côtes-du-Nord.
Castus (Joseph), de Maissin, à Saint-Brieuc, Côtes-du-Nord.
Castus (Edmond), de Maissin, à Saint-Brieuc, Côtes-du-Nord.
Castus (Gilbert), de Maissin, à Saint-Brieuc, Côtes-du-Nord.
Castus (Mlle), de Maissin, à Saint-Brieuc, Côtes-du-Nord.
Castus (Berthe), de Maissin, à Saint-Brieuc, Côtes-du-Nord.
Castus (Paul), de Maissin, à Saint-Brieuc, Côtes-du-Nord.
Castus (Léon), de Maissin, à Saint-Brieuc, Côtes-du-Nord.
Castus (Fernand), de Maissin, à Saint-Brieuc, Côtes-du-Nord.
Castus-Gouédard (Jeanne), de Maissin, à Saint-Brieuc, Côtes-du-Nord.
Castus (Ernest), de Maissin, à Saint-Brieuc, Côtes-du-Nord.
Castus (Marie), de Maissin, à Saint-Brieuc, Côtes-du-Nord.
Catau (Paulin) et fam., de Barbençon, à Mareau-aux-Bois, Loiret.
Catherine (Agnès), de Hautchin, à Saint-Pierre-des-Corps, Indre-et-Loire.
Catherine (Augusta), d'Hautchin, à Saint-Pierre-des-Corps, Indre-et-Loire.
Catherine (Augustin), d'Hautchin, à Saint-Pierre-des-Corps, Indre-et-Loire.
Caucheteur (Augustin), de Lessines, à Nesles, Seine-et-Marne.
Caucheteur (Charles), de Lessines, à Nesles, Seine-et-Marne.

Charniot (Victor), d'Ives-Gomezée, à Mareau-aux-Bois, Loiret.
Chassour (Rosalie) et enf., d'Anderlues, à Samonac, Gironde.
Chaudrel (Marie), de Maissin, à Saint-Brieuc, Côtes-du-Nord.
Chaudrel (Félicien), de Maissin, à Saint-Brieuc, Côtes-du-Nord.
Chodelet (Catherine), de Ham-sur-Heure, à Orléans, Loiret.
Claus (Jean), de Gand, à Courcelles, Indre-et-Loire.
Cleafeyt (Mathilde), d'Erquelinnes, à Tours, Indre-et-Loire.
Clerfeyt (Narcisse), d'Erquelinnes, à Tours, Indre-et-Loire.
Clevers (Bruno), de Bruges, à Thoigné, Sarthe.
Clevers (Georges), de Bruges, à Thoigné, Sarthe.
Clevers (Maurice), de Bruges, à Thoigné, Sarthe.
Cochinaux (Marcel), d'Haccht, à Channay, Indre-et-Loire.
Collard (Sylvie), de Thuin, à Kérity, Côtes-du-Nord.
Collignon (Claudia), de Malines, à Saint-Calez-en-Saosnois, Sarthe.
Collignon (Emile), de Malines, à Saint-Calez-en-Saosnois, Sarthe.
Compart (Ernest) et fam., de Dinant, à Arbanats, Gironde.
Conrads (Georges), de Gand, à Mamers, Sarthe.
Content (Arthur), de Bruges, à Neufchâtel, Sarthe.
Content (Ernest), de Bruges, à Mamers, Sarthe.
Cooman (Auguste de), d'Aygem, à Saint-Siméon,
Coorévist (Joseph), de Veurle, à Souray, Indre-et-Loire.
Copet (Clovis), de Graide, à Amazy, Nièvre.
Copin (Zéphyr), de Strée, à Limours, Seine-et-Marne.
Copin (Alfred) et fam., de Strée, à Limours, Seine-et-Marne.
Coppée (Clovis), de Ranlies, à Mareau-aux-Bois, Loiret.
Coppée (Henri), de Ranlies, à Mareau-au-Bois, Loiret.
Coppée (Paul), de Ranlies, à Mareau-aux-Bois, Loiret.
Coppée (Georges), de Ranlies, à Mareau-aux-Bois, Loiret.
Coppée (Maria), de Ranlies, à Mareau-aux-Bois, Loiret.
Coppejans (Clément), de Grootenberge, à Landiras, Gironde.
Coppin (Camille), de Mont-sur-Marchiennes, à Allevard, Isère.
Coppin (Armand), de Ragny, à Amazy, Nièvre.
Cordier (Hubert), d'Anderlues, à Yzeures, Indre-et-Loire.
Cordier (Elise), d'Anderlues, à Yzeures, Indre-et-Loire.
Cornet (Jean) et fam., de Petit-Courcelles, à Tarascon, Bouches-du-Rhône.
Corhet (Homère), de Florenville, à Pouilly, Nièvre.
Côte (Joseph), de Molleville-en-Montfaucon, à Tanzac, Charente-Inférieure.
Concharrière (Eouise), de Florenne, à Avignon, Vaucluse.
Courtois (Jules), de Landen, à Marseille, Bouches-du-Rhône.
Courtois (Henri), d'Anvers, à Argenteuil, Seine-et-Oise.
Croix (Victor), de Vieux-Reng, à Petit-Pressigny, Indre-et-Loire.
Crombeecke (Emile), de Thourourt, à Neufchâtel, Sarthe.
Daivière (Réjane), de Marpent, à Chambon, Indre-et-Loire.
Dartevelle (Victor), de Thuillies, à Saint-Victoret, Bouches-du-Rhône.
Darteveld (Lisfranc), de Thuillies, à Chaulgnes, Nièvre.
Darteveld (Edgard), de Thuillies, à Chaulgnes, Nièvre.
Daube (Valentine), de Ligny, à Chantôme, Indre.
Declerc (Théophile), d'Etterbeck, à Saint-Loubès, Gironde.
Declercque (Léon), de Gand, à Courgains, Sarthe.
Decorte (Marcel), de Bruges, à Mamers, Sarthe.
Decorte (Alois), de Bruges, à Mamers, Sarthe.
Decorte (Joseph), de Bruges, à Mamers, Sarthe.
Decoster (Maurice), de Tubize, à Brive, Corrèze.
Décot (Vital), de Quaregnon, à La Grand'Combe, Gard.
Décot (Marie-Louise), de Quaregnon, à La Grand'Combe, Gard.
Décot (Rosa), de Quaregnon, à La Grand'Combe, Gard.
Decros (Marie), d'Anvers, à Limeray, Indre-et-Loire.
Dédycher (Mme), de Marcinelle-les-Charleroi, à Montlouis, Indre-et-Loire.
Defamie (Arthur), de Meslin-l'Evêque, à Nesles, Seine-et-Marne.
Defamie (Auguste), de Ghislenghien, à Nesles, Seine-et-Marne.
Defaye (Marie), d'Ives-Gomezée, à Mareau-aux-Bois, Loiret.
Deghislage (Elise), de Wasmes, à Foutet, Gironde.
Degaux (Joseph), de Solre-sur-Sambre, à La Châtre, Indre.
Degraux (Zoé), de Solre-sur-Sambre, à La Châtre, Indre.
Degraux (Alice), de Solre-sur-Sambre, à La Châtre, Indre.
De Graeve (Célestine), de Berchem, à Mamers, Sarthe.
De Graeve (Charles), de Berchem, à Mamers, Sarthe.
De Graeve (Jules), de Berchem, à Mamers, Sarthe.
De Graeve (Jules-Félix), de Berchem, à Mamers, Sarthe.
De Graeve (Louise), de Berchem, à Mamers, Sarthe.
Dehombreux (Georges), de Genly, à Saint-Symphorien, Indre-et-Loire.
Dehombreux (Valérie), de Genly, à Saint-Symphorien, Indre-et-Loire.
Dehombreux (Floriant), de Genly, à Saint-Symphorien, Indre-et-Loire.
Dehombreux (Irma), de Genly, à Saint-Symphorien, Indre-et-Loire.
Dekoker (Emilia), d'Anderlues, à Tournon-Saint-Pierre, Indre-et-Loire.
Dekoker (Solange), d'Anderlues, à Tournon-Saint-Pierre, Indre-et-Loire.
Delamper (Oscar), de Gand, à Courgains, Sarthe.
Delannoy (Jules), de Quaregnon, à Gien, Loiret.
Delcourt (Oscar), de Fontin-l'Evêque, à Nesles, Seine-et-Marne.
Delvaux (François), de Florenne, à Orsan, Gard.
Delfosse (Albert), de Frasnes-les-Buissenal, à Pussay, **Seine-et-Marne**.

Delhaie (Laure), de Leugnies, à Chartronges, Seine-et-Marne.
Delhaie (Gustave), de Leugnies, à Chartronges, Seine-et-Marne.
Delhaie (Gustave), de Leugnies, à Chartronges, Seine-et-Marne.
Delvaux (Lucien), de Florenne, à Orsan, Gard.
Delgoffe (Léon) et fam., de Visé, à Marseille, Bouches-du-Rhône.
Delforge (Mathilde), de Charleroi, à Savonnières, Indre-et-Loire.
Delforge (Léopold), de Charleroi, à Savonnières, Indre-et-Loire.
Delforge (Pierre), de Charleroi, à Savonnières, Indre-et-Loire.
Delforge (Rosa), de Charleroi, à Savonnières, Indre-et-Loire.
Delforge (Marcel), de Charleroi, à Savonnières, Indre-et-Loire.
Delacroix (Jules), de Wiers, à Tours, Indre-et-Loire.
Delers (Zénos) et fam., de Beaumont, à Tulle, Corrèze.
Delacroix (Camille), de Rœulx, à Uzès, Gard.
Delens (Julien), de Thirimont, à Surgy, Nièvre.
Delpire (Théodore) et enf., de Walcourt, à Soisy-sous-Montmorency, S.-et-O.
Delvaen (Edouard), de Malines, à Brèches, Indre-et-Loire.
Delvaen (Maria), de Malines, à Brèches, Indre-et-Loire.
Demanet (F.), de Morville, à Tours, Indre-et-Loire.
Demanet (Stéphanie), de Morville, à Tours, Indre-et-Loire.
Demoulin (Léon) et fam., de Farciennes, à . . ., Bouches-du-Rhône.
Demoulin (Ulysse) et fam., de Rance, à . . ., Bouches-du-Rhône.
Demnynck (Cyrilla), de Thielt, à Mamers, Sarthe.
Demnynck (Marie), de Thielt, à Mamers, Sarthe.
Denis (Victor), de Roisin, à Clamecy, Nièvre.
Denis (Alphonse), de Requignies, à Chedigny, Indre-et-Loire.
Denis (Philomène), de Requignies, à Chedigny, Indre-et-Loire.
Denis (Philomène), de Requignies, à Chedigny, Indre-et-Loire.
Denis (Gaston), de Requignies, à Chedigny, Indre-et-Loire.
Denis (Joseph), de Requignies, à Chedigny, Indre-et-Loire.
Denisty (Mme), de Falisolles, à Saint-Brieuc, Côtes-du-Nord.
Denisty (Hélène), de Falisolles, à Saint-Brieuc, Côtes-du-Nord.
Denisty (Georges), de Falisolles, à Saint-Brieuc, Côtes-du-Nord.
Denisty (Marcelle), de Falisolles, à Saint-Brieuc, Côtes-du-Nord.
Denys (Christine) et sa sœur, de Jeumont, à Saint-Hippolyte, Indre-et-Loire.
Denys (Joseph), de Jeumont, à Saint-Hippolyte, Indre-et-Loire.
Denisty (Fernande), de Requignies, à Saint-Quentin, Indre-et-Loire.
Denisty (Joséphine), de Requignies, à Saint-Quentin, Indre-et-Loire.
Déramée (François), de Malines, à Courgains, Sarthe.
Derhinderen (Franc), de Malines, à Montigny, Sarthe.
Derhinderen (Emma), de Malines, à Montigny, Sarthe.
Derudder (Henri) et son épouse, de Renaix, à . . ., Bouches-du-Rhône.
Derre (Adolphe), de Bruges, à Mamers, Sarthe.
Derre (René), de Bruges, à Mamers, Sarthe.
Deseck (Prudent), de Schoore, à Prunay-sous-Ablis, Seine-et-Oise.
Descamps (René), de Leugnies, à Arquian, Nièvre.
Desmadryl (Marcel), d'Ostende, à Neufchâtel, Sarthe.
Desmadryl (Constantinus), d'Ostende, à Neufchâtel, Sarthe.
Detrou (Jean-Baptiste), d'Ives-Gomezée, à Mareau-aux-Bois, Loiret.
Devigne (Joseph), de Morville, à Tours, Indre-et-Loire.
Devogelaire (Joseph), de Frasnes-les-Buissenal, à Pussay, Seine-et-Oise.
Devos (Dominique), de Laeken, au Mas-d'Oruières, Lozère.
Devigne (Mathilde), de Morville, à Tours, Indre-et-Loire.
Devigne (Julia), de Morville, à Tours, Indre-et-Loire.
Dieu (Pauline), de Baslieu, à Saint-Brieuc, Côtes-du-Nord.
Dindouve (Auguste), de Marcinelle, à Marseille, Bouches-du-Rhône.
Dor (Joséphine), de Villers-le-Gambon, à Royan, Charente-Inférieure.
Douniau (Olympe), de Grand-Reng, à Dolus, Indre-et-Loire.
Doublouis (Zéphir), de Soire-sur-Sambre, à Sarzay, Indre.
Doublouis (Marie), de Soire-sur-Sambre, à Sarzay, Indre.
Doublouis (Louise), de Soire-sur-Sambre, à Sarzay, Indre.
Doublouis (Lucien), de Soire-sur-Sambre, à Sarzay, Indre.
Doublouis (René), de Soire-sur-Sambre, à Sarzay, Indre.
Dougniaux (Jeanne), de Barbençon, à Mareau-aux-Bois, Loiret.
Dougniaux (Arthur), de Barbençon, à Mareau-aux-Bois, Loiret.
Douniaux (Isabelle), de Grand-Reng, à Dolus, Indre-et-Loire.
Dressen (Joseph), de Laecken, au Chesnay, Seine-et-Oise.
Drouez (Alexis), de Barbençon, à Mareau-aux-Bois, Loiret.
Druard (Rosa), de Quaregnon, à La Grand'Combe, Gard.
Druard (Victoria), de Quaregnon, à La Grand'Combe, Gard.
Druard (Vital), de Quaregnon, à La Grand'Combe, Gard.
Dubet (Alfred), de Ligny, à Chantôme, Indre.
Dubet (Anna), de Ligny, à Chantôme, Indre.
Dubois (René), d'Erquelinnes, à Tours, Indre-et-Loire.
Dubois (Marie), d'Erquelinnes, à Tours, Indre-et-Loire.
Dubois (René), de Quaregnon, à Tours, Indre-et-Loire.
Dubois (Palmyre), de Quaregnon, à Tours, Indre-et-Loire.
Dubois (Pierre), de Quaregnon, à Tours, Indre-et-Loire.
Dubois (Francine), d'Equelinnes, à Tours, Indre-et-Loire.
Dubois (Jules, fils), de Quaregnon, à Gien, Loiret.
Dubois (Valérie), de Quaregnon, à Gien, Loiret.
Dubois (Jules, père), de Quaregnon, à Gien, Loiret.

Dubreuille (Auguste), de Meslin-l'Evêque, à Nesles, Seine-et-Marne.
Ducœur (Abel), de Walcourt, à Lingé, Indre.
Ducros (Emile), de . . ., à Nîmes, Gard.
Duez (Jules), de Quaregnon, à Gien, Loiret.
Duez (Gustavine), de Quaregnon, à Gien, Loiret.
Dufaux (Ramassine), de Buzet, à Saint-Christophe, Indre-et-Loire.
Dufaux (Joseph), de Buzet, à Saint-Christophe, Indre-et-Loire.
Dufrasne (Gustavine), de Quaregnon, à Gien, Loiret.
Dufrasne (Julienne), de Quaregnon, à Gien, Loiret.
Dufrasne (Alfred, père), de Quaregnon, à Gien, Loiret.
Dufrasne (Alfred, fils), de Quaregnon, à Gien, Loiret.
Dufrasne (Hector), de Quaregnon, à Marseille, Bouches-du-Rhône.
Dufranc (Oscar), de Frainéries, à La Grand'Combe, Gard.
Dufranc (Fernand), de Frameries, à La Grand'Combe, Gard.
Dufranc (Julia), de Frameries, à La Grand'Combe, Gard.
Dufranc (Oscar), de Frameries, à La Grand'Combe, Gard.
Dumont (Alphonse) et fam., de Saint-Amand-les-Fleurus, à Orléans, Loiret.
Dumoulin (Jean), de Bouillon, à Pocé, Indre-et-Loire.
Dumonceau (Marie), de Bouillon, à Tours, Indre-et-Loire.
Dumonceau (Adèle), de Bouillon, à Tours, Indre-et-Loire.
Dupont (Jean), d'Anvers, à Channay, Indre-et-Loire.
Dussart (Florent), de Thuin, à Avignon, Vaucluse.
Dussart (Joseph), de Thuin, à Avignon, Vaucluse.
Dutry (Fidèle), de Leugnies, à Courcelles, Nièvre.
Duterne (Emile), de Jeumont, à Preuilly-sur-Claise, Indre-et-Loire.
Duterne (Léonie), de Jeumont, à Préhilly-sur-Claise, Indre-et-Loire.
Duterne (Emilienne), de Jeumont, à Preuilly-sur-Claise, Indre-et-Loire.
Duterne (Octave-Ghislain), de Jeumont, à Preuilly, Indre-et-Loire.
Duterne (Eloise), de Thuin, de Preuilly, Indre-et-Loire.
Edemberg (Collette), de Thuin, à Kérity, Côtes-du-Nord.
Eliam (Arthur), de Oosterzeele, à Courgains, Sarthe.
Emery (Marie), de Requignies, à Dolus, Indre-et-Loire.
Emery (Zéphirien), de Requignies, à Dolus, Indre-et-Loire.
Emery (Germain), de Requignies, à Dolus, Indre-et-Loire.
Emery (Juliette), de Requignies, à Dolus, Indre-et-Loire.
Emery (Arthur), de Requignies, à Dolus, Indre-et-Loire.
Emile (Alexandre), de Châtelet, à Avignon, Vaucluse.
Ernest (Octave) et enf., de Bouffioulx, à Arles, Bouches-du-Rhône.
Ernould (Léonie), de Mariembourg, à Tours, Indre-et-Loire.
Ernould (Armand), de Mariembourg, à Tours, Indre-et-Loire.
Eyckmans (Marie-Louise), de Wilryck, à Mamers, Sarthe.
Eyckmans (Joseph-Auguste), de Wilryck, à Mamers, Sarthe.
Eyckmans (Julie-Joséphine), de Wilryck, à Mamers, Sarthe.
Feyt (Albert), d'Anvers, à Courgains, Sarthe.
Fievetz (Louis), de Bouffioulx, à Saint-Brieuc, Côtes-du-Nord.
Flamant (Maurice-Edouard), de Meslin-l'Evêque, à Nesles, Seine-et-Marne.
Flament (Nicolas-Oscar), de Meslin-l'Evêque, à Nesles, Seine-et-Marne.
Fourceau (Zébé), de Frameries, à La Grand'Combe, Gard.
Fourneau (Marie), de Frameries, à La Grand'Combe, Gard.
Fourneau (Fernand), de Frameries, à La Grand'Combe, Gard.
Fourneau (Désiré), de Frameries, à La Grand'Combe, Gard.
Fourneau (Auguste), de Frameries, à La Grand'Combe, Gard.
Fourneau (Augusta), de Frameries, à La Grand'Combe, Gard.
Fouré (Louise), de Frameries, à La Grand'Combe, Gard.
Fourneau (Désiré), de Frameries, à La Grand'Combe, Gard.
Francelle (Berthe-Madeleine), de Jeumont, à Preuilly, Indre-et-Loire.
Francelle (Jeanne), de Jeumont, à Preuilly, Indre-et-Loire.
François (Jules), de Barbençon, à Mareau-aux-Bois, Loiret.
Frasel (Omer), de Vasqueville, à Saint-Brieuc, Côtes-du-Nord.
Frère (Albert), de Champion, à Muret, Haute-Garonne.
Friart (Henri), de Frameries, à La Grand'Combe, Gard.
Friart (Henri), de Frameries, à La Grand'Combe, Gard.
Friart (Henri), de Frameries, à La Grand'Combe, Gard.
Friart (Elisa-Catherine), de Frameries, à La Grand'Combe, Gard.
Froment (Félicie), de Requignies, à Chédigny, Indre-et-Loire.
Froment (Albert), de Requignies, à Chédigny, Indre-et-Loire.
Froment (Léon), de Requignies, à Chédigny, Indre-et-Loire.
Froment (Léontine), de Requignies, à Chédigny, Indre-et-Loire.
Froment (Alice), de Requignies, à Chédigny, Indre-et-Loire.
Gaard (Marcel), de Malines, à Patay, Loiret.
Gadaux (Ferdinand), de Pérame-les-Binche, à Ardentes, Indre.
Gaillard (Marcel), d'Erquelinnes, à Saint-Hippolyte, Indre-et-Loire.
Gaillard (Auguste), d'Erquelinnes, à Saint-Hippolyte, Indre-et-Loire.
Gaillard (Mme), d'Erquelinnes, à Saint-Hippolyte, Indre-et-Loire.
Gallet (Jérémie), de Frameries, à La Grand'Combe, Gard.
Gallez (Florine), de Wasmes, à Fontet, Gironde.
Gallez (Gilbert), de Wasmes, à Fontet, Gironde.
Gallez (Alfred) et enf., de Wasmes, à Fontet, Gironde.
Galez (Maria), à Ozerhière, par Souzay, Indre-et-Loire.
Galop (Michel), de Frameries, à Bègles, Gironde.
Gantois (Fernand) et fam., de Thirémont, à Limours, Seine-et-Oise.

Garain (Maurice), de Thuin, à Kérity, Côtes-du-Nord.
Gardien (Marie), de Hautes-Weheries, à Verneuil-s.-Indre, Indre-et-Loire.
Guargueland (Félix-Joseph), de Châtelet, à Biron, Charente-Inférieure.
Geerinckx (J.-B.-Grégoire), d'Heyst-op-den-Berg, à Mamers, Sarthe.
Geerinckx (Joseph-Henri), d'Heyst-op-den-Berg, à Mamers, Sarthe.
Geervnckx (Marie-Jeanne-Irma), d'Heyst-op-den-Berg, à Mamers, Sarthe.
Geerinckx (Pierre-Joseph), d'Heyst-op-den-Berg, à Mamers, Sarthe.
Gées (Gustave), d'Aygem, à Saint-Siméon.
Geets (Marie), d'Anvers, à Mamers, Sarthe.
Geets (Irma), d'Anvers, à Mamers, Sarthe.
Gendarme (Léon) et enf., de Ligny, à Chantôme, Indre.
Gendarme (Mathilde), de Ligny, à Chantôme, Indre.
Genot (Georges), de Pont-de-Loup, à Lesparre, Gironde.
Genot (Florent) et enf., de Pont-de-Loup, à Lesparre, Gironde.
Gérin (Léontine), de Barbençon, à Mareau-aux-Bois, Loiret.
Gérard (Maria), de Hornu, à Neuillé-Pont-Pierre, Indre-et-Loire.
Gérard (Francois), de Hornu, à Neuillé-Pont-Pierre, Indre-et-Loire.
Gérard (Maria), de Hornu, à Neuillé-Pont-Pierre, Indre-e'-Loire.
Gérard (Gabrielle), de Hornu, à Neuillé-Pont-Pierre, Indre-et-Loire.
Gérard (Joachim), de Hornu, à Neuillé-Pont-Pierre, Indre-et-Loire.
Gérard (Joseph), de Fosse, à La Ferté-Saint-Aubin, Loiret.
Gérard (Alice), de Fosse, à La Ferté-Saint-Aubin, Loiret.
Gérard (Mariette), de Fosse, à La Ferté-Saint-Aubin, Loiret.
Gérard (Auguste), de Fosse, à La Ferté-Saint-Aubin, Loiret.
Gérin (Jules), de Barbençon, à Mareau-aux-Bois, Loiret.
Gérin (Henri), de Barbençon, à Mareau-aux-Bois, Loiret.
Gérin (Irma), de Barbençon, à Mareau-aux-Bois, Loiret.
Gérin (Reine), de Barbençon, à Mareau-aux-Bois, Loiret.
Gervais (Arthur), de Lobbes-Thuin, à Kérity, Loiret.
Gervais (Marguerite-Renelde), de Thuin, à Kérity, Côtes-du-Nord.
Gervais (Renée), de Thuin, à Kérity, Côtes-du-Nord.
Gilain (Nathalie), d'Acoz, à Saint-Brieuc, Côtes-du-Nord.
Gilain (Désiré), d'Acoz, à Saint-Brieuc, Côtes-du-Nord.
Gillain (Fernand), de Morialmé, à Cours, Nièvre.
Gillain (Jules), de Morialmé, à Cours, Nièvre.
Gilles (Nestor), de Barbençon, à Mareau-aux-Bois, Loiret.
Gilles (Pauline), de Barbençon, à Mareau-aux-Bois, Loiret.
Gilles (Paula), de Barbençon, à Mareau-aux-Bois, Loiret.
Godart (Berthe), de Messin, à Saint-Brieuc, Côtes-du-Nord.
Godard (Marthe), de Messin, à Saint-Brieuc, Côtes-du-Nord.
Godard (Hélène), de Messin, à Saint-Brieuc, Côtes-du-Nord.
Godard (Ernest), de Messin, à Saint-Brieuc, Côtes-du-Nord.
Godfroid (Daniel), de Wasmes, à Fontet, Gironde.
Godfroid (Floris) et enf., de Wasmes, à Fontet, Gironde.
Godin (Émile), de Gand, à Courgains, Sarthe.
Godin (Louis), de Gand, à Courgains. Sarthe.
Goethals (Guillaume), de Bruges, à Mamers, Sarthe.
Goetgeluck (Gaston), de Gand, à Bordeaux, Gironde.
Grooris (Romain), de Gand, à Mamers, Sarthe.
Goossens (Émile), d'Hombeck, à Grandchamp, Sarthe.
Goossens (Édouard), d'Hombeck, à Grandchamp, Sarthe.
Goossens (Pierre), d'Hombeck, à Granchamp, Sarthe.
Goosens (Émile), de Lebbeke, à Saint-Laurent-de-Lin, Indre-et-Loire.
Goudescnne (Omer-Émile), de Langemarck, à Rozoy-en-Bric, Seine-et-Marne.
Gouédard (Louise), de Maissin, à Saint-Brieuc, Côtes-du-Nord.
Gouédard (Jean), de Maissin, à Saint-Brieuc, Côtes-du-Nord.
Goy (Henri), de Leugnies, à Chartronges, Seine-et-Marne.
Grasset (Noma), de Maissin, à Saint-Brieuc, Côtes-du-Nord.
Gravet (Jules), de Lessines, à Rozoy-en-Brie, Seine-et-Marne.
Grégoire (Arthur), de Frameries, à La Grand'Combe, Gard.
Grégoire (Arthur), de Frameries, à La Grand'Combe, Gard.
Grégoire (Octave), de Frameries, à La Grand'Combe, Gard.
Guépin (Marie-Barbe), de Charleroi, à La Celle-Guenaud, Indre-et-Loire.
Guyaux (Georges), de Morialmé, à La Celle-sur-Loire, Nièvre.
Guyaux (Émile), de Florenne, à Orsan, Gard.
Gysels (Alfred), de Malines, à Montigny, Sarthe.
Gysels (François), de Malines, à Montigny, Sarthe.
Gysels (Comarus), de Malines, à Montigny, Sarthe.
Gysels (Gustal), de Malines, à Montigny, Sarthe.
Gysels (Maria), de Malines, à Montigny, Sarthe.
Hallet (Anatole), de Charleroi, à La Celle-Guenaud, Indre-et-Loire.
Hallet (Octave) et fam., de Signolles, à Marseille, Bouches-du-Rhône.
Haffin (Arthur), de Fosse, à Marzy, Nièvre.
Hamel (Raymond), de Croix-lez-Rouveroy, à Louroucr-Saint-Laurent, Indre.
Hamel (Marthe) et enf., de Croix-lez-Rouveroy, à Lourouer-Saint-Laurent, Indre.
Hannecart (Marie), de Jeumont, à Saint-Paterne, Indre-et-Loire.
Hannecart (Léon), de Jeumont, à Saint-Paterne, Indre-et-Loire.
Hanssens (Henri), de Ledeberg, à Lublé, Indre-et-Loire.

Hans (Albert), de Bouffioulx, à Gien, Loiret.
Hans (Firmine), de Bouffioulx, de Gien, Loiret.
Hans (Victor), de Mont-sur-Marchiennes, à Allevard, Bouches-du-Rhône.
Hatse (Renildis-Godelieve-Maria), de Bruges, à Doucelles, Sarthe.
Hatse (Jozef-Karel-Lodewijk), de Bruges, à Doucelles, Sarthe.
Hat (Arane de), d'Erpe, à Montigny, Sarthe.
Hat (Anna de), d'Erpe, à Montigny, Sarthe.
Hancart (Jacques), de Charleroi, à Tours, Indre-et-Loire.
Hancart (Jean), de Charleroi, à Tours, Indre-et-Loire.
Hancart (Jeanne), de Charleroi, à Tours, Indre-et-Loire.
Hancart (Laure), de Charleroi, à Tours, Indre-et-Loire.
Hancart (Achille), de Charleroi, à Tours, Indre-et-Loire.
Hayet (Maurice), de Hornu, à Neuillé-Pont-Pierre, Indre-et-Loire.
Havé (Charles), de Gand, à Saint-Loubès, Gironde.
Hayet (Olga), de Hornu, à Neuillé-Pont-Pierre.
Hendrick (Jules), de Lessines, à Nesles, Seine-et-Marne.
Hendrickx (Anne), de Louvain, à Mamers, Sarthe.
Hennaut (Fidèle) et fam., d'Ostende, à Orléans, Loiret.
Hennuy (Gaston), de Thun, à Orléans, Loiret.
Hermans (Caroline), de Malines, à René, Sarthe.
Hermans (François), de Malines, à René, Sarthe.
Hermans (Jean), de Malines, à René, Sarthe.
Hermans (Marie), de Malines, à René, Sarthe.
Hesbecq (Alexandre), de Ham-sur-Heure, à Orléans, Loiret.
Hoegaerts (Philémond), de Putte, à Orléans, Loiret.
Hollander (Florent d'), de Sottegem, à Landiras, Gironde.
Hollez (Charles), d'Eerneghem, à Mamers, Sarthe.
Hollez (Julia), d'Eerneghem, à Mamers, Sarthe.
Hollez (Marguerite), d'Eerneghem, à Mamers, Sarthe.
Hoogewys (Philomène), d'Anvers, à Courgains, Sarthe.
Horkmans (Jeanette), de Malines, à Montigny, Sarthe.
Hottoir (Octave), d'Erquelinnes, à Yzeures, Indre-et-Loire.
Hottoir (Félicie), d'Erquelinnes, à Yzeures, Indre-et-Loire.
Hottoir (Laurence), d'Erquelinnes, à Yzeures, Indre-et-Loire.
Houdan (Maurice), de Bruxelles, à Aucamville, Haute-Garonne.
Houdan (Amélie), de Bruxelles, à Aucamville, Haute-Garonne.
Houi (Raphaël), de Bruges, à Couesmes, Indre-et-Loire.
Houze (Désiré), de Lobbès, à Montargis, Loiret.
Houze (Nestor), de Lobbès, à Montargis, Loiret.
Houze (Marguerite), de Lobbès, à Montargis, Loiret.
Houze (Marie), de Lobbès, à Montargis, Loiret.
Houze (Léona), de Lobbès, à Montargis, Loiret.
Hoyos (Orpha), de Jeumont, à Tours, Indre-et-Loire.
Hoyos (Auguste), de Jeumont, à Tours, Indre-et-Loire.
Hoyos (Marius), de Jeumont, à Tours, Indre-et-Loire.
Huart (Sophie), de Ranlies, à Mareau-aux-Bois, Loiret.
Hubert (E.), de Maissin, à Saint-Brieuc, Côtes-du-Nord.
Hubot (Arthur), de Villers-le-Gambon, à Royan, Charente-Inférieure.
Hubot (Hermine), de Villers-le-Gambon, à Royan, Charente-Inférieure.
Houdt (François d') et fam., de Beaumont, à Tulle, Corrèze.
Hufty (Vital), de Strée, à Limours, Seine-et-Oise.
Hutin (Marie), de Beaumont, à Royan, Charente-Inférieure.
Hutsebaut (Adrienne), de Gand, à Tours, Indre-et-Loire.
Hutsebault (Adhémar), de Gand, à Tours, Indre-et-Loire.
Huyghe (Paul), de Bruxelles, à Mamers, Sarthe.
Huytens (Joseph), de Gand, à Saint-Loubès, Gironde.
Jacquet (Léon), de Sottegem, à Landiras, Gironde.
Jacobs (Joseph), d'Anvers, à Courgains, Sarthe.
Jamotte (Victor), de Reduc, à Saint-Brieuc, Côtes-du-Nord.
Jamotte (Sophie), de Reduc, à Saint-Brieuc, Côtes-du-Nord.
Janssens (Léopold), de Lierre, à Marseille, Bouches-du-Rhône.
Jastré (Edmond), d'Ostende, à Mamers, Sarthe.
Jean (Pierre), de Griamont, à Nancras, Charente-Inférieure.
Jourdain (Pauline), de Sivry, à Mareau-aux-Bois, Loiret.
Kerkvoorde (Jules), de Wetteren, à Orléans, Loiret.
Kerrener (Julien), de Bruges, à Allevard, Isère.
Ketelaers (Augustin), de Marcinelle, à Grand-Combe, Gard.
Ketelaers (Fernand), de Marcinelle, à Grand-Combe, Gard.
Ketelaers (Joseph), de Marcinelle, à Grand-Combe, Gard.
Ketelaers (Michel), de Marcinelle, à Grand-Combe, Gard.
Ketelaers (Joseph), de Marcinelle, à Grand-Combe, Gard.
Ketels (Joseph), de Bruges, à Neufchâtel, Sarthe.
Kezer (Mme), d'Izel, à Châteaurenard, Bouches-du-Rhône.
Kirpake (Frédéric) et enf., de Solre-sur-Sambre, à La Châtre, Indre.
Kirpake (Alice), de Solre-sur-Sambre, à La Châtre, Indre.
Kluppels (Elise), de Malines, à Courgains, Sarthe.
Kluppels (Joséphine), de Malines, à Courgains, Sarthe.
Kluppels (Maria), de Malines, à Courgains, Sarthe.
Kluppels (François), de Malines, à Courgains, Sarthe.
Kluppels (François), de Malines, à Courgains, Sarthe.
Kluppels (Marie), de Malines, à Courgains, Sarthe.

uppels (Séraphine), de Malines, à Courgains, Sarthe.
uppels (Egied), de Malines, à Courgains, Sarthe.
uppens (Camille), d'Anvers, à Courcelles, Indre-et-Loire.
uppens (Camille), d'Anvers, à Courcelles, Indre-et-Loire.
a Chapelle (Eva), de Solre-sur-Sambre, Indre-et-Loire.
agneau (Louis), de Requignies, à Balesmes, Indre-et-Loire.
allemand (Joseph), de Sautin, à Chartranges, Seine-et-Marne.
aloyaux (Luc) et fam., d'Astrée, à Limours, Seine-et-Oise.
aloyaux (Julien) et fam., de Strée, à Limours, Seine-et-Oise.
aloyaux (Félicien), de Strée, à Limours, Seine-et-Oise.
aloyaux (Marc) et fam., de Strée, à Limours Seine-et-Oise.
ambert (Eudor), de Bioul, à Grandchamp, Seine-et-Oise.
ambert (Gustave), de Beaumont, à Royan, Charente-Inférieure.
ambert (Alix), de Beaumont, à Saujon, Charente-Inférieure.
ambotte (François), de Pont-de-Loup, à Saint-Aubin, Indre.
ampe (Hubert), d'Ollignies, à Nesles, Seine-et-Marne.
ampe (Louis), d'Ollignies, à Nesles, Seine-et-Marne.
angbeen (Léon), de Lebbeke, à Saint-Laurent-de-Lin, Indre-et-Loire.
angbeen (Pierre), de Lebbeke, à Saint-Laurent-de-Lin, Indre-et-Loire.
angbeen (Jeanne), de Lebbeke, à Saint-Laurent-de-Lin, Indre-et-Loire.
angbeen (François), de Lebbeke, à Saint-Laurent-de-Lin, Indre-et-Loire.
angbeen (Eydine), de Lebbeke, à Saint-Laurent-de-Lin, Indre-et-Loire.
angbeen (Rosalie), de Lebbeke, à Saint-Laurent-de-Lin, Indre-et-Loire.
auwers (Joseph), de Bruges, à Marseille, Bouches-du-Rhône.
auwers (Joseph), de Bruges, à Thoigné, Sarthe.
auvaux (Louise), de Morialmé, à Pressigny, Loiret.
avergne (Céline) et enf., de Beaumont, à Fleurance, Gers.
avergne (Lucien) et enf., de Beaumont, à Fleurance, Gers.
avergne (Yvon), de Beaumont, à Fleurance, Gers.
ebacq (Maurice), de Jemappes, à Marseille, Bouches-du-Rhône.
ebègue (Marie), de Mâcon, à Bouilly, Loiret.
ebègue (Emile), de Mâcon, à Bouilly, Loiret.
ebon (Adelin), de Gilly, à Champlemy, Nièvre.
éonet (Louis), de Gros-Fays, à Challuy, Nièvre.
ebrun (Fernand), de Beaumont, à Fleurance, Gers.
ebrun (Edmond), de Beaumont, à Fleurance, Gers.
eclercq (J.-B.), de Jumet, à Marseille, Bouches-du-Rhône.
ecocq (Fernand) et fam., de Strée, à Limours, Seine-et-Oise.
ecomte (Jules) et enf., d'Izel, à Châteaurenard, Bouches-du-Rhône.
een (Joséphine), d'Eppeghem, à Grandchamp, Sarthe.
een (Virginie), d'Eppeghem, à Grandchamp, Sarthe.
een (Jean), d'Eppeghem, à Grandchamp, Sarthe.
een (André), d'Eppeghem, à Grandchamp, Sarthe.
egast (Camille), de Bruges, à Mamers, Sarthe.
egast (Grégoire), de Bruges, à Mamers, Sarthe.
elièvre (Etienne), de Meauville, à Saujon, Charente-Inférieure.
emmens (Marie), de Gozée, à Tours, Indre-et-Loire.
emmens (Edgar), de Gozée, à Tours, Indre-et-Loire.
empereur (Constantin), de Berchiers, à Saint-Brieuc, Côtes-du-Nord.
éonard (Julia), de Grand-Reng, à Dolus, Indre-et-Loire.
éonard (Mélanie), de Grand-Reng, à Dolus, Indre-et-Loire.
éonard (Léonce), de Grand-Reng, à Dolus, Indre-et-Loire.
equeu (Auguste), d'Ives-Gomezée, à Mareau-aux-Bois, Loiret.
erat (Alexandre), de Croix-les-Rouveray, à Montgivray, Indre.
eroy (Marie-Anne), d'Essneux, à Cinq-Mars, Indre-et-Loire.
Le Roy (Flore), de Lobbes, à Kérity, Côtes-du-Nord.
erat (Camille), de Croix-les-Rouveray, à Montgivray, Indre.
estarki (Marie), de Frameries, à Avignon, Vaucluse.
estarki (Marie), de Frameries, à Avignon, Vaucluse.
esoil (Augustine), des Hautes-Wiheries, à Verneuil-s.-Indre, Indre-et-Loire.
eurquin (Marie), de Solre-sur-Sambre, à Preuilly-s.-Claise, Indre-et-Loire.
eurquin (Fernand), de Solre-s.-Sambre, à Preuilly-s.-Claise, Indre-et-Loire.
evacq (Solange), des Hautes-Wiberies, à Verneuil-s.-Indre, Indre-et-Loire.
evacq (Mathilde), des Hautes-Wiberies, à Verneuil-s.-Indre, Indre-et-Loire.
evacq (Achille), des Hautes-Wiberies, à Verneuil-sur-Indre, Indre-et-Loire.
oveau (Robertine), de Requignies, à Chédigny, Indre-et-Loire.
oveau (Eliane), de Requignies, à Chédigny, Indre-et-Loire.
eveau (Arthur), de Requignies, à Chédigny, Indre-et-Loire.
eveau (Marcelle), de Requignies, à Chédigny, Indre-et-Loire.
eveau (Hélène), de Requignies, à Chédigny, Indre-et-Loire.
hoest (Prudent), de Quaregnon, à Grand-Combe, Gard.
hoëst (Philibert), de Quaregnon, à Grand-Combe, Gard.
hoëst (Fernand), de Quaregnon, à Grand-Combe, Gard.
hoëst (Mélanie), de Quaregnon, à Grand-Combe, Gard.
iénard (Léon), d'Auvelas, à Monteux, Vaucluse.
iénard (Eléonore), de Frameries, à Grand-Combe, Gard.
iévin (Maria), de Requignies, à Sassierges, Indre.
iévin (Malvina), de Requignies, à Sassierges, Indre.
iévin (Fernand), de Requignies, à Sassierges, Indre.
iévin (Arthur), de Requignies, à Sassierges, Indre.
iévin (Henri), de Requignies, à Sassierges, Indre.

Lix (Gustave), de Bruges, à Couesmes, Indre-et-Loire.
Logier (Jérôme), de Schoore, à Prunay-sous-Ablis, Seine-et-Oise.
Logier (Modeste), de Schoore, à Prunay-sous-Ablis, Seine-et-Oise.
Loriaux (Georges), de Charleroi, à Saint-Victoret, Bouches-du-Rhône.
Loris (Gustave), de Bruxelles, à Saint-Loubès, Gironde.
Lorsignol (Paul) et fam., de Reims, à Bègles, Gironde.
Loupon (Vital), de Barbençon, à Sergines, Yonne.
Loveau (Alexis) et fam., d'Ives-Gomezée, à Mareau-aux-Bois, Loiret.
Luc (Emile) et fam., de Schelle, à Wissous, Seine-et-Oise.
Luytens (Emile), de Malines, à René, Sarthe.
Luytens (Marie), de Malines, à René, Sarthe.
Luytens (Louise), de Malines, à René, Sarthe.
Luytens (Rosalie), de Malines, à René, Sarthe.
Luytens (Rosalie), de Malines, à René, Sarthe.
Luytens (Louis), de Malines, à René, Sarthe.
Luytens (Maurice), de Malines, à René, Sarthe.
Luytens (Léontine), de Malines, à René, Sarthe.
Luytens (Louis), de Malines, à René, Sarthe.
Macquet (Georges), de Mons, à Palamos, Espagne.
Maës (Elise), d'Aertrycke, à Mamers, Sarthe.
Maës (Alice), d'Aertrycke, à Mamers, Sarthe.
Maës (Irma), d'Aertrycke, à Mamers, Sarthe.
Maës (Georges), d'Aertrycke, à Mamers, Sarthe.
Maës (Gabrielle), d'Aertrycke, à Mamers, Sarthe.
Maës (Herminie), d'Ostende, à Mamers, Sarthe.
Maës (Alexe), d'Aertrycke, à Mamers, Sarthe.
Maghue (Emile), de Croix-lès-Rouveroy, à Lourouer-St-Laurent, Indre.
Mahaux (Armand), de Fontaine-Levêque, à Tournon-St-Pierre, Indre-et-L.
Mabaux (Marie), de Fontaine-Levêque, à Tournon-St-Pierre, Indre-et-Loire.
Mabieu (Gustave), de Bruges, à Thoigné, Sarthe.
Mabieu (Adolphe), de Bruges, à Mamers, Sarthe.
Mairesse (Valérie), d'Offekerque, à Landiras, Gironde.
Maître (Henry), d'Erquelinnes, à Saint-Brieuc, Côtes-du-Nord.
Maître (Mme), d'Erquelinnes, à Saint-Brieuc, Côtes-du-Nord.
Maître (Louise), d'Erquelinnes, à Saint-Brieuc, Côtes-du-Nord.
Malherbe (Louis), de Quaregnon, à La Rochelle, Charente-Inférieure.
Malhermé (Léopold), d'Anderlues, à Tournon-Saint-Pierre, Indre-et-Loire.
Malherme (Eugénie), d'Anderlues, à Tournon-Saint-Pierre, Indre-et-Loire.
Malhaye (Jean-Baptiste), d'Izel, à La Ferté-sur-Aube, Haute-Marne.
Maquet (François), de Namur, à Pressigny, Loiret.
Maquet (Mme), de Namur, à Pressigny, Loiret.
Monvoisin (Marcel), de St-Michel-Sougland, à St-Siméon, Seine-et-Marne.
Marchand (Mélanie), de Frameries, à Grand-Combe, Gard.
Marchal (Xavière), de Florenville, à Gien, Loiret.
Marchal (Octave), de Florenville, à Gien, Loiret.
Marchal (Paul), de Florenville, à Gien, Loiret.
Marchal (Justine), de Florenville, à Gien, Loiret.
Marchal (Joseph), de Florenville, à Gien, Loiret.
Marchal (Joseph), de Florenville, à Gien, Loiret.
Marchal (Odile), de Florenville, à Gien, Loiret.
Marchand (Gaston), de Thuillies, à Limours, Seine-et-Oise.
Mariaule (Aimé), de Meslin-l'Evêque, à Nesles, Seine-et-Marne.
Marieu (Désiré) et son épouse, de Malines, à ....., B.-du-Rhône.
Martinelle (Céline), de Beaumont, à Fleurance, Gers.
Morin (Camille), de Tubize, à Orléans, Loiret.
Marin (Jules), de Tubize, à Orléans, Loiret.
Martin (Alfred), de Liège, à ....., Bouches-du-Rhône.
Martin (Irma), d'Izel, à La Ferté-sur-Aube, Haute-Marne.
Martin (Camille), d'Izel, à La Ferté-sur-Aube, Haute-Marne.
Martial-Dekoker (Bertha), d'Anderlues, à Tournon-St-Pierre, Indre-et-L.
Mary (Ida), de Ledeberg-lès-Gand, à Mamers, Sarthe.
Massaux (Rodolphe), de Quaregnon, à Bègles, Gironde.
Mataille (Victor) et fam., de Strée, à Limours, Seine-et-Oise.
Matelart (Henri), de Châtelet, à Tours, Indre-et-Loire.
Matelart (Angèle), de Châtelet, à Tours, Indre-et-Loire.
Matelart (Marie-Louise), de Châtelet, à Tours, Indre-et-Loire.
Maurage (Justin), de Jeumont, à Preuilly, Indre-et-Loire.
Maurage (Lucien), de Jeumont, à Preuilly, Indre-et-Loire.
Maurage (Berthe), de Jeumont, à Preuilly, Indre-et-Loire.
Maurage (Georgina), de Jeumont, à Preuilly, Indre-et-Loire.
Maurage (Gabrielle), de Jeumont, à Preuilly, Indre-et-Loire.
Maus (René), de Bruges, à Thoigné, Sarthe.
Meertens (René), de Bruges, à Mamers, Sarthe.
Ménu (Louis), de Lembecq-lez-Hal, à Saint-Laurent, Nièvre.
Mertins (Augustin), d'Haine-Saint-Pierre, à Ardentes, Indre.
Meurant (Marie), d'Erquelinnes, à Verneuil-sur-Indre, Indre-et-Loire.
Meurant (Eugène), d'Erquelinnes, à Verneuil-sur-Indre, Indre-et-Loire.
Meurant (Eugénie), d'Erquelinnes, à Verneuil-sur-Indre, Indre-et-Loire.
Meurant (Clara), d'Erquelinnes, à Verneuil-sur-Indre, Indre-et-Loire.
Meurant (Vital) et fam., de Strée, à Limours, Seine-et-Oise.
Michel (Elisabeth), d'Izel, à La Ferté-sur-Aube, Haute-Marne.

Michiels (Oscar), de Ledeberg, à Cauhié, Indre-et-Loire.
Mineur (Emile), de Morialme, à Cours, Nièvre.
Minnebo (Louis), de Bruges, à Thoigné, Sarthe.
Mirland (Orland), de Roisin, à Clamecy, Nièvre.
Minet (Maria) et enf., de Chassepierre, à Droyes, Haute-Marne.
Moerenhaut, de Bruxelles, à Landiras, Gironde.
Molle (Odile), de Namur, à Pressigny, Loiret.
Molle (Benjamin), de Namur, à Pressigny, Loiret.
Molord (Delphin), de Bières, à Surgy, Nièvre.
Monnedie (Arthur et Fernand), de Morialme, à Mareau-aux-Bois, Loiret.
Monteil (Pierre), de Tournai, à Montpeyroux, Aveyron.
More (Armand de), de Wetteren, à Orléans, Loiret.
Moor (Gilbert de), de Wetteren, à Orléans, Loiret.
Moortgat (Charles) et fam., de Malines, à Pussay, Seine-et-Oise.
Morenhout (Joséphine), de Malines, à Brèches, Indre-et-Loire.
Mostenne (Hubert), de Morialme, à Celle-sur-Loire, Nièvre.
Mouseu (Juliette), de Requignies, à Saint-Quentin, Indre-et-Loire.
Mouseu (Ida), de Requignies, à Saint-Quentin, Indre-et-Loire.
Mouseu (Jules), de Requignies, à Saint-Quentin, Indre-et-Loire.
Mouseu (Elise), de Requignies, à Saint-Quentin, Indre-et-Loire.
Moutarde (Paul), de Paliseul, à Donzy, Nièvre.
Moutarde (Fernand), de Paliseul, à Châteauneuf, Nièvre.
Moyen (Gaston), de Thuin, à Asnan, Nièvre.
Muschdot (Félix), de Bruges, à Mamers, Sarthe.
Mutte (Anna), de Requignies, à Reignac, Indre-et-Loire.
Naeyer (Arthur de), de Bavegem, à Charsonville, Loiret.
Nalme (Donat), de Thirimont, à Surgy, Nièvre.
Namur (Auguste), d'Acoz, à Cours, Nièvre.
Naudin (Rosa), de Jeumont, à Saint-Paterne, Indre-et-Loire.
Naudin (Léon), de Jeumont, à Saint-Paterne, Indre-et-Loire.
Naudin (Nicolas), de Jeumont, à Saint-Paterne, Indre-et-Loire.
Naudin (Clair), de Jeumont, à Saint-Paterne, Indre-et-Loire.
Naudin (Clément), de Jeumont, à Saint-Paterne, Indre-et-Loire.
Naudin (Louis), de Jeumont, à Saint-Paterne, Indre-et-Loire.
Naudin (Laura), de Jeumont, à Saint-Paterne, Indre-et-Loire.
Naudin (Roland), de Jeumont, à Saint-Paterne, Indre-et-Loire.
Naveau (Lucie), de Jeumont, à Chambourg, Indre-et-Loire.
Namur (Camille), de Requignies, à Chassignolles, Indre.
Noël (Joseph), de Gelys, à Sainte-Catherine-de-Fierbois, Indre-et-Loire.
Noël (Emile), de Gelys, à Sainte-Catherine-de-Fierbois, Indre-et-Loire.
Nollevalle (Louise), de Coucy-le-Château, à La Flèche, Sarthe.
Olislaegers (Emile), de Bouillon, à Nîmes, Gard.
Olivier (Berthe), d'Uzl, à Châteaurenard-Provence, Bouches-du-Rhône.
Packelbergkos (Louis), de Bruxelles, à Saint-Loubès, Gironde.
Pâquet (Armand), de Marcinelle-lez-Charleroi, à Montlouis, Indre-et-Loire.
Pâquet (Armand), de Marcinelle-lez-Charleroi, à Montlouis, Indre-et-Loire.
Pâquet (Arthur), de Marcinelle-lez-Charleroi, à Montlouis, Indre-et-Loire.
Pâquet (Léopoldine), de Marcinelle-lez-Charleroi, à Montlouis, Indre-et-L.
Pâquet (Marie), de Marcinelle-lez-Charleroi, à Montlouis, Indre-et-Loire.
Passelette (Louis), de Frameries, à Avignon, Vaucluse.
Patron (Marguerite), de Villers-le-Gambon, à Royan, Charente-Inférieure.
Patron (Fernand), de Villers-le-Gambon, à Royan, Charente-Inférieure.
Patron (Louis), de Villers-le-Gambon, à Royan, Charente-Inférieure.
Patron (Angèle), de Villers-le-Gambon, à Royan, Charente-Inférieure.
Patron (Adelin), de Villers-le-Gambon, à Royan, Charente-Inférieure.
Panchaut (Désiré), de Gand, à Courcelles, Indre-et-Loire.
Peuwels (Florimont), de Bruges, à Thoigné, Sarthe.
Pauwels (Louis), de Bruges, à Thoigné, Sarthe.
Pauwels (Louis), de Bruges, à Neufchâtel, Sarthe.
Pedro (Manuel) et son épouse, de Bruxelles, à Ceyreste, Bouches-du-Rhône.
Peeters (Joseph), de Woluwe-Saint-Etienne, à Nîmes, Gard.
Perrat (Pierre), de Barbençon, à Surgines, Yonne.
Petit (Emma), des Hautes-Wiheries, à Vernouil, Indre, Indre-et-Loire.
Petit (Onésime), des Hautes-Wiheries, à Vernouil, Indre, Indre-et-Loire.
Petit (Emile), des Hautes-Wiheries, à Vernouil, Indre, Indre-et-Loire.
Petit (Jeanne), des Hautes-Wiheries, à Vernouil-sur-Indre, Indre-et-Loire.
Pierlot (Hermand), du Vivy, à Cours, Nièvre.
Pierre (Louis), de Vivy, à ..., Bouches-du-Rhône.
Pierre (Louis), à Ixelles Bruxelles, à Marseille, Bouches-du-Rhône.
Pietquin (Laurent), d'Arsimont, à Esvres, Indre-et-Loire.
Pietquin (Joséphine), d'Arsimont, à Esvres, Indre-et-Loire.
Pietquin (Antoine), d'Arsimont, à Esvres, Indre-et-Loire.
Pietquin (Catherine), d'Arsimont, à Esvres, Indre-et-Loire.
Piette (Auguste et Marguerite), de Tubize, à Brive, Corrèze.
Pimparet (Auguste), de Barbençon, à Mareau-aux-Bois, Loiret.
Pimparet (Fanny), de Barbençon, à Mareau-aux-Bois, Loiret.
Pimparet (Auguste), de Barbençon, à Mareau-aux-Bois, Loiret.
Piraux (Fernand), de Thuillies, à Chaulgnes, Nièvre.
Piraux (Germain), de Thuillies, à Chaulgnes, Nièvre.
Piron (Adelin), de Maissin, à Saint-Brieuc, Côtes-du-Nord.
Piron (Emma), de Maissin, à Saint-Brieuc, Côtes-du-Nord.

Piron (Marthe), de Maissin, à Saint-Brieuc, Côtes-du-Nord.
Planc (Marie), de [illegible], à [illegible].
Planc (Marcel), de Castillon, à [illegible].
Planc (Gabrielle), de Castillon, à [illegible].
Planc (Walthier), de Marbaix-la-Tour, à Montlouis, [illegible].
Planc (Antoine), de Marbaix-la-Tour, à Montlouis, [illegible].
Planc (Jean), de Marbaix-la-Tour, à Montlouis, [illegible].
Planc (Camille), de Marbaix-la-Tour, à Montlouis, Loir[illegible].
Planc (Robert), de Castillon, à Montlouis, [illegible].
Planc (Marie), de Castillon, à [illegible].
Planc (Camille), de Castillon, à [illegible].
Plaud (Henri), de [illegible], à Montargis, [illegible].
Pochet (Nestor), à La Rochelle, [illegible].
Poncelet (Marie), de [illegible], à [illegible].
Poncelet (Joseph), de [illegible], à [illegible].
Porol (Charles), de [illegible], à [illegible].
Pourbaix (Honoré), de Thuin, à [illegible].
Pourbaix (Jean), de Thuin, à [illegible].
Pourneville (Marie), de Jolimont, à [illegible].
Pourneville (Alin), de [illegible], à [illegible].
Pourveur (André), de [illegible], à [illegible].
Pourveur (Augustin), de [illegible], à [illegible].
Pourveur (Charles), de [illegible], à [illegible].
Puissère (Clément), de [illegible], à [illegible].
Pret (Du) (Juliette), de [illegible], à [illegible].
Pret (Du) (Victor), de Bruxelles, à Marseille, [illegible].
Pret (Du) (Hector), de Bruxelles, à [illegible].
Fromont (Marcel), de [illegible], à [illegible].
Prévost (Jules), de [illegible], à [illegible].
Quanonne (Valère), de [illegible], à [illegible].
Quanonne (Marie), de [illegible], à [illegible].
Quentin (Victor), de [illegible], à [illegible].
Quertaimont (Simon), de [illegible], à [illegible].
Quertaimont ([illegible]), de [illegible], à [illegible].
Quertinier (Marie), de [illegible], à [illegible].
Quertinier ([illegible]), de [illegible], à [illegible].
Quertinier (Marguerite), de [illegible], à [illegible].
Quiner (Léopold), de [illegible], à [illegible].
Raes (Fernand), de [illegible], à [illegible].
Ramon (Eugène), de [illegible], à [illegible].
Ray (George), de [illegible], à [illegible].
Reclem (Augustin), de [illegible], à [illegible].
Rectem (Flore), de [illegible], à [illegible].
Regnier (Philippe), de [illegible], à [illegible].
Remy (George), de [illegible], à [illegible].
Renaux (Alphonse), de [illegible], à [illegible].
Renard (Gustave), de [illegible], à [illegible].
Renard (André), de [illegible], à [illegible].
Renotte (Achille), de [illegible], à [illegible].
Renotte (Alice), de [illegible], à [illegible].
Renotte (Achille), de [illegible], à [illegible].
Rinswelt (Van), de [illegible], à [illegible].
Rivier (Jean), de [illegible], à [illegible].
Rivier (Zoé), de Charleroi, à [illegible].
Rivier (Rosina), de Charleroi, à [illegible].
Rivier (Flavie), de Charleroi, à Cours, [illegible].
Rivier (Berthe), de Charleroi, à [illegible].
Robert (Arthur), de [illegible], à [illegible].
Robinet (Marie), de Marcinelle, à [illegible].
Roels (Anna), de Bruges, à [illegible].
Roger (Robert), de [illegible], à [illegible].
Roger (Gaston), de [illegible], à [illegible].
Roger (Victor), de Wiers, à [illegible].
Roger (Ida), de Bouillon, à Tours, [illegible].
Roger (Léopoldine), de Bouillon, à [illegible].
Rogiest (Alphonse), de [illegible], à [illegible].
Roger (Joséphine), de Wiers, à [illegible].
Rolin (Octave), de Namur, à Tours, [illegible].
Rolland (Homère), de [illegible], à [illegible].
Rolland (Emile), d'Ivoz-Gomzée, à [illegible].
Rolland (Auguste) et fam., du Châtelet, [illegible].
Rolland (Alexandre) et son épouse, de [illegible].
Rolland (Léon) et fam., d'Ivoz-Gomzée, à [illegible].
Roland (Nelly), de Quaregnon, à Gien, Loiret.
Roland (Léopoldine), de Quaregnon, à [illegible].
Roland (François), de Quaregnon, à Lormes, Nièvre.
Romedanne (Jules), de Chartres, à Lormes, Nièvre.
Ronsse (Oscar) et son épouse, d'Ostende, à [illegible].
Rosson (Adèle), de Maissin, à Saint-Brieuc, Côtes-du-Nord.
Rosson (Marie), de Maissin, à Saint-Brieuc, Côtes-du-Nord.
Rosson (Jeanne), de Maissin, à Saint-Brieuc, Côtes-du-Nord.

Rosion (Cébé), de Maissin, à Saint-Brieuc, Côtes-du-Nord.
Rosser (Irma), d'Eerneghem, à Mamers, Sarthe.
Roussel (Julien), de Barbençon, à Mareau-aux-Bois, Loiret.
Rousseau (Léonie), de Jumet, à Yzeures, Indre-et-Loire.
Rousseau (Pierre), de Jeumont, à Preuilly, Indre-et-Loire.
Rousseau (Clémentine), de Jeumont, à Preuilly, Indre-et-Loire.
Rousseau (Rosa), de Charleroi, à Savonnières, Indre-et-Loire.
Rousseau (Julien), de Charleroi, à Savonnières, Indre-et-Loire.
Rousseau (Georges), de Charleroi, à Savonnières, Indre-et-Loire.
Rousseau (Victoria), de Charleroi, à Savonnières, Indre-et-Loire.
Rousseau (Julien), de Charleroi, à Savonnières, Indre-et-Loire.
Rowies (Albertine), de Bruxelles, à Mamers, Sarthe.
Rowies (Adrienne), de Bruxelles, à Mamers, Sarthe.
Rowies (Félicité), de Bruxelles, à Mamers, Sarthe.
Royet (Jules) et fam., de Strée, à Limours, Seine-et-Oise.
Royet (Gaston), de Thuillies, à Limours, Seine-et-Oise.
Royet (Jules), de Strée, à Limours, Seine-et-Oise.
Saint-Amand (Henri), de Mariembourg, à St-Genès-de-Lombaud, Gironde.
Saintenoy (Augusta), de Bruxelles, à Royan, Charente-Inférieure.
Saint-Hubert (Mélanie), de Mettet, à Tours, Indre-et-Loire.
Saint-Hubert (Honoré), de Mettet, à Tours, Indre-et-Loire.
Saint-Hubert (Maria), de Mettet, à Tours, Indre-et-Loire.
Saint-Hubert (Isabelle), de Mettet, à Tours, Indre-et-Loire.
Saint-Hubert (Marguerite), de Mettet, à Tours, Indre-et-Loire.
Saint-Hubert (Madeleine), de Mettet, à Tours, Indre-et-Loire.
Saint-Hubert (Olivier), de Mettet, à Tours, Indre-et-Loire.
Sandrard (Charles), de Sautin, à Chartronges, Seine-et-Marne.
Sandrard (Charles), de Sautin, à Chartronges, Seine-et-Marne.
Sandrard (Elisa), de Sautin, à Chartronges, Seine-et-Marne.
Sandrard (Edgar), de Sautin, à Chartronges, Seine-et-Marne.
Sandrard (Maria), de Sautin, à Chartronges, Seine-et-Marne.
Scheepmans (Hermance), d'Erquelinnes, à La Celle-Guenand, Indre-et-L.
Schoonzetters (Flore), d'Erquelinnes, à Boussay, Indre-et-Loire.
Schoonzetters (Hermine), d'Erquelinnes, à Boussay, Indre-et-Loire.
Schoonzetters (Maria), d'Erquelinnes, à Boussay, Indre-et-Loire.
Schoonzetters (Angèle), d'Erquelinnes, à Boussay, Indre-et-Loire.
Schommer (Joséphine), d'Ollignies, à Nesles, Seine-et-Marne.
Schommer (Philibert), d'Ollignies, à Nesles, Seine-et-Marne.
Schommer (Jules), d'Ollignies, à Nesles, Seine-et-Marne.
Schoutteet (Armand), de Bruges, à Mamers, Sarthe.
Schroyens (Marie-Louise), de Malines, à René, Sarthe.
Schroyens (Joseph), de Malines, à René, Sarthe.
Schroyens (Joséphine), de Malines, à René, Sarthe.
Schroyens (Jean), de Malines, à René, Sarthe.
Schroyens (Guillaume), de Malines, à René, Sarthe.
Scouperman (Louisa), de Barbençon, à Mareau-aux-Bois, Loiret.
Sébille (Henri), de Montigny-le-Tilleul, à Nevers, Nièvre.
Seeldrayers (Auguste) et fam., d'Anvers, à Bouscat, Gironde.
Segers (François), d'Heele, à Marseille, Bouches-du-Rhône.
Seghers (Edgard), de Tubize, à Brive, Corrèze.
Senechal (A.), de Grand-Reng, à Dolus, Indre-et-Loire.
Senechal (Eugénie), de Grand-Reng, à Dolus, Indre-et-Loire.
Sentin (Armand) et son épouse, de Tubize, à Brive, Corrèze.
Senzée (Alfred), de Thy-le-Château, à Dompierre-sur-Héry, Nièvre.
Sériat (Marthe) et enf., de Beaumont, à Tulle, Corrèze.
Serzacobs (Jules) et fam., de Petit-Courcelles, à Tarascon, Bouches-du-Rh.
Sighelen [Van] (Edgard), de Saint-Gilles, à Marseille, Bouches-du-Rhône.
Simon (Mathilde), d'Haecht, à Channay, Indre-et-Loire.
Simon (Adeline), d'Haecht, à Channay, Indre-et-Loire.
Simon (Catherine), d'Haecht, à Channay, Indre-et-Loire.
Simon (Joseph), de Pironchamps, à Pressigny, Loiret.
Simon (Germaine), de Pironchamps, à Pressigny, Loiret.
Simon (Zélia), de Pironchamps, à Pressigny, Loiret.
Smekens (Alfred), de Bavegem, à Charsonville, Loiret.
Soete [De] (Théophile), de Bruges, à Neufchâtel, Sarthe.
Soete [De] (Antoine), de Bruges, à Neufchâtel, Sarthe.
Springuel (Léon) et fam., d'Hug, à Marseille, Bouches-du-Rhône.
Steenberge [Van] (Albert), de Smeerhebbe, à Marseille, Bouches-du-Rhône.
Stiévenart (Rosémie), de Frameries, à La Grand'Combe, Gard.
Stiévenart (Jules), de Frameries, à La Grand'Combe, Gard.
Stiévenart (Jules), de Frameries, à La Grand'Combe, Gard.
Stiévenart (Jules), de Frameries, à La Grand'Combe, Gard.
Stroobants (Pierre), de Malines, à René, Sarthe.
Stroobants (François), de Malines, à René, Sarthe.
Stroobants (Louise), de Malines, à René, Sarthe.
Stroobants (Louis), de Malines, à René, Sarthe.
Swinnen (Harel), de Malines, à Saint-Calez-en-Saônois, Sarthe.
Swinnen (Maria), de Malines, à Saint-Calez-en-Saônois, Sarthe.
Swinnen (Johanna), de Malines, à Saint-Calez-en-Saônois, Sarthe.
Tallier (Camille), d'Aertrycke, à Mamers, Sarthe.
Tallier (Esther), d'Aertrycke, à Mamers, Sarthe.
Tallier (Octavie), d'Aertrycke, à Mamers, Sarthe.
Tant (Achille) et fam., de Tubize, à Brive, Corrèze.
Tassin (Louis), de Charleroi, à Moncoutour, Côtes-du-Nord.
Tetaert (Guillaume), de Bruges, à Couesmes, Indre-et-Loire.
Thenesie (Marie), du Grand-Reng, à Dolus, Indre-et-Loire.
Thibault (Marie), du Châtelet, à La Membrolle, Indre-et-Loire.
Thibault (Jules), du Châtelet, à La Membrolle, Indre-et-Loire.
Thiry (Albert), de La Bouverie, à Mers, Indre.
Thiry (Juliette), de La Bouverie, à Mers, Indre.
Thiry (Joséphine), de La Bouverie, à Mers, Indre.
Thomas (Vilmer), de Barbençon, à Sergines, Yonne.
Thomée (Mélanie), de Mettet, à Tours, Indre-et-Loire.
Thomée (Mélanie), de Mettet, à Tours, Indre-et-Loire.
Thuillard et enf., de Bruxelles, à Neuvy-le-Roi, Indre-et-Loire.
Thuillard (Jeanne), de Bruxelles, à Neuvy-le-Roi, Indre-et-Loire.
Thyse (Léontine), de Jeumont, à Azay-sur-Indre, Indre-et-Loire.
Thyse (Emilie), de Jeumont, à Azay-sur-Indre, Indre-et-Loire.
Thyse (Jeanne), de Jeumont, à Azay-sur-Indre, Indre-et-Loire.
Toubeau (Fernand), de Frameries, à Grand'Combe, Gard.
Toussaint (Ernest), de Wasmuel, à Narbonne, Aude.
Toussaint (Angèle), de Wasmuel, à Narbonne, Aude.
Toussaint (Marius), de Wasmuel, à Narbonne, Aude.
Toussaint (Clotilde), de Wasmuel, à Narbonne, Aude.
Trippies (Denise), de Villers-le-Cambon, à Royan, Charente-Inférieure.
Triaen (Valery), d'Alost, à Channay, Indre-et-Loire.
Triaen (Charles), d'Alost, à Channay, Indre-et-Loire.
Unique (Georges), de Thuillies, à Saint-Victoret, Bouches-du-Rhône.
Urbain (Flore), de La Bouverie, à Mers, Indre.
Urbain (Florent), de La Bouverie, à Mers, Indre.
Urbain (Lionna), de La Bouverie, à Mers, Indre.
Urbain (Maria), de La Bouverie, à Mers, Indre.
Urbain (Rosa), de La Bouverie, à Mers, Indre.
Urbain (Jean-Baptiste), de Frameries, à Grand'Combe, Gard.
Urbain (Flora), de La Bouverie, à Mers, Indre.
Urbain (Emile), de La Bouverie, à Mers, Indre.
Urbain (Clarisse), de Frameries, à Grand'Combe, Gard.
Urbain (Désirée), de Frameries, à Grand'Combe, Gard.
Urbain (Jean-Baptiste), de Frameries, à Grand'Combe, Gard.
Vallard (Eugène) et fam., d'Ives-Gomezée, à Mareau-aux-Bois, Loiret.
Vallard (Louis), d'Ives-Gomezée, à Mareau-aux-Bois, Loiret.
Vallard (Maurice), d'Ives-Gomezée, à Mareau-aux-Bois, Loiret.
Vallard (Vital), d'Ives-Gomezée, à Mareau-aux-Bois, Loiret.
Van Aygbem (Julien), de Laeken, à Doucelles, Sarthe.
Van Acker (Marie), de Bruges, à Marseille, Bouches-du-Rhône.
Van Acker (Omer) et son épouse, de Bruges, à Marseille, Bouches-du-Rhône.
Van Berckem (Lucien), de Bruges, à Mattiers, Sarthe.
Van Berckem (Alphonse), de Bruges, à Mamers, Sarthe.
Van Bockstache (Alphonse), de Suynaerde, à Courcelles, Indre-et-Loire.
Van Craen (Jean-Baptiste) et fam., de Malines, à Pussey, Seine-et-Oise.
Van Damme (Pierre), de St-Gilles-de-Termonde, à St-Laurent-de-Lin, I.-et-L.
Van den Bossche (François), de Lebbeke, aux Essarts-le-Roi, Seine-et-O.
Vandenbroncke (Louis), de Cuerne, à Orléans, Loiret.
Vandermierden (Clémentine), de Louvain, à Mamers, Sarthe.
Vandermierden (Louis), de Louvain, à Mamers, Sarthe.
Vandenheede (Léopold), de Bruges, à Thoigné, Sarthe.
Vandeker (Georges), de Gand, à Courgains, Sarthe.
Van Depusse (Antoine), de Gand, à Courgains, Sarthe.
Vandermierden (Marie), de Louvain, à Mamers, Sarthe.
Vandermierden (Léonie), de Louvain, à Mamers, Sarthe.
Vandermierden (Stéphanie), de Louvain, à Mamers, Sarthe.
Vandermierden (Hélène), de Louvain, à Mamers, Sarthe.
Vandermierden (François), de Louvain, à Mamers, Sarthe.
Vandermierden (Jeanne), de Louvain, à Mamers, Sarthe.
Vandermierden (Marguerite), de Louvain, à Mamers, Sarthe.
Van den Bulck (Emma), de Malines, à Montigny, Sarthe.
Vandenaheede (Marcel), de Bruges, à Mamers, Sarthe.
Vandenheuvel (Jean-Baptiste), de Malines, à Marolette, Sarthe.
Vandenheuvel (Elisa), de Malines, à Marolette, Sarthe.
Van den Brande (Gommaire), de Lierre, à Doucelles, Sarthe.
Van den Brande (Louis), de Lierre, à Doucelles, Sarthe.
Van Diest (Edouard), de Malines, à Courgains, Sarthe.
Van Denn (Edmond), d'Anvers, à Courgains, Sarthe.
Vande Byck (Virginie), d'Hombeck, à Grandchamp, Sarthe.
Van den Bosch (Joséphine), de Mons, à Courgains, Sarthe.
Vande Ryck (Clémentine), d'Hombeck, à Grandchamp, Sarthe.
Vande Ryck (Alphonse), d'Hombeck, à Grandchamp, Sarthe.
Vandermissen (Ernest), de Marcinelle-les-Charleroi, à Montlouis, I.-et-L.
Vandermissen (Arthur), de Marcinelle-les-Charleroi, à Montlouis, I.-et-L.
Van den Stein (Auguste), d'Alost, à Brèches, Indre-et-Loire.
Van den Stein (Gabrielle), d'Alost, à Brèches, Indre-et-Loire.
Van der Sanden (Philippe), de Lierre, à Marseille, Bouches-du-Rhône.

Vanderburgt (Stéphan), d'Erquelinnes, à Briantes, Indre.
Vanderburgt (Léa), d'Erquelinnes, à Briantes, Indre.
Vanderburgt (Joseph) et enf., d'Erquelinnes, à Briantes, Indre.
Van den Steens, de Ledeberg, à Lublé, Indre-et-Loire.
Vanderberghe (Honoré), d'Herzèle, à Marseille, Bouches-du-Rhône.
Vandenberghe (Nestor), d'Herzèle, à Marseille, Bouches-du-Rhône.
Van de Caspeelle (René), de Gand, à Couesmes, Indre-et-Loire.
Van Damme (Pierre), de St-Gilles-de-Termonde, à St-Laurent-de-Lin, I.-et-L.
Van Damme (Martha), de St-Gilles-de-Termonde, à St-Laurent-de-Lin, I.-et-L.
Van den Eynde (Emile) et fam., de Wavre, à Brive, Corrèze.
Van Damme (Maria), de St-Gilles-de-Termonde, à St-Laurent-de-Lin, I.-et-L.
Van Damme (Léon), de St-Gilles-de-Termonde, à St-Laurent-de-Lin, I.-et-L.
Van Damme (Léopold), de St-Gilles-de-Termonde, à St-Laurent-de-Lin, I.-et-L.
Van Damme (Georges), d'Anderlecht, à Palamos, Espagne.
Vandermissen (Arthur), de Marcinelle-les-Charleroi, à Montlouis, I.-et-L.
Van Ertvelde (Gaston), de Gand, à Couesmes, Indre-et-Loire.
Vanbulle (Auguste), de Bruges, à Mamers, Sarthe.
Vanbeymbeeck (Corduie), de Malines, à Mamers, Sarthe.
Vanheymheeck (Hortense), de Malines, à Mamers, Sarthe.
Vanheymheeck (Léon), de Malines, à Mamers, Sarthe.
Vanhoof (Léon), de Malines, à Mamers, Sarthe.
Vanhoof (Marie), de Malines, à Mamers, Sarthe.
Vanhoof (Henriette), de Malines, à Mamers, Sarthe.
Vanhoof (Yvonne), de Malines, à Mamers, Sarthe.
Vanhoof (Augusta), de Wavre, à Mamers, Sarthe.
Vanhoof (Marie), de Wavre, à Mamers, Sarthe.
Vanhoof (Anna), de Wavre, à Mamers, Sarthe.
Vanhoof (Anne), de Wavre, à Mamers, Sarthe.
Vanhoof (Désiré), de Wavre, à Mamers, Sarthe.
Van Henselen (Marie), d'Anvers, à Chécy, Loiret
Van Henselen (Madeleine), d'Herpst-sur-Mer, à Chécy, Loiret.
Van Henselen (Th.), d'Herpst-sur-Mer, à Chécy, Loiret.
Van Henselen (Anna), d'Herpst-sur-Mer, à Chécy, Loiret.
Van Henselen (Marguerite), d'Herpst-sur-Mer, à Chécy, Loiret.
Van Kerkhoven (Hubertina), de Malines, à Saint-Calez-en-Saônois, Sarthe.
Van Kerkhoven (Mauricius), de Malines, à Saint-Calez-en-Saônois, Sarthe.
Van Kerkhoven (René), de Malines, à Saint-Calez-en-Saônois, Sarthe.
Van Kerkhoven (Corneel), de Malines, à Saint-Calez-en-Saônois, Sarthe.
Van Kerkhoven (Anna), de Malines, à Saint-Calez-en-Saônois, Sarthe.
Van Kerkhoven (Ernest), de Malines, à Saint-Calez-en-Saônois, Sarthe.
Van Kerkhoven (Jeanne), de Malines, à Saint-Calez-en-Saônois, Sarthe.
Van Loemput (Louis), de Malines, à Montigny, Sarthe.
Van Loemput (Edmond), de Malines, à Montigny, Sarthe.
Van Lacken (Joseph), de Gand, à Beauvoir, Sarthe.
Van Leirberghe (Georges), de Ledeberg-les-Gand, à Couesmes, I.-et-L.
Van Lac Ken (Joannès) et fam., d'Anvers, à Brive, Corrèze.
Vanouddrieve (Angèle), de Requignies, à Arthon, Indre.
Vanouddrieve (Auguste), de Requignies, à Arthon, Indre.
Van Poucke (Firmin), de Bruges, à Mamers, Sarthe.
Vanpassel (Léopold), d'Anderlues, à Preuilly-sur-Claise, Indre-et-Loire.
Vanpassel (Emma), d'Anderlues, à Preuilly-sur-Claise, Indre-et-Loire.
Vanpassel (Léopold), d'Anderlues, à Preuilly-sur-Claise, Indre-et-Loire.
Vanpassel (Emile), d'Anderlues, à Preuilly-sur-Claise, Indre-et-Loire.
Vanpassel (Jules), d'Anderlues, à Preuilly-sur-Claise, Indre-et-Loire.
Van Reck (Raoul), d'Erquelinnes, à La Membrolle, Indre-et-Loire.
Van Reck (Marie-Louise), d'Erquelinnes, à La Membrolle, Indre-et-Loire.
Van Reck (Marguerite), d'Erquelinnes, à La Membrolle, Indre-et-Loire.
Van Reck (Gommaire), d'Erquelinnes, à La Membrolle, Indre-et-Loire.
Van Rolloghem (Julion), de Bruges, à Neufchâtel, Sarthe.
Vanryckeghem (Louis), de Coucklare, à Mamers, Sarthe.
Vansevenandk (Louise), de Cortemarck, à Mamers, Sarthe.
Vansevenandk (Rosalie), de Cortemarck, à Mamers, Sarthe.
Vansevenandk (Elise), de Cortemarck, à Mamers, Sarthe.
Vansevenandk (Jeanne), de Cortemarck, à Mamers, Sarthe.
Van Tuyckom (Ildephonse), de Bruges, à Couesmes, Indre-et-Loire.
Van Vacrenbergh, de Malines, à Brèches, Indre-et-Loire.
Van Vacrenbergh (Isabelle), de Malines, à Brèches, Indre-et-Loire.
Van Vacrenbergh (Joanna), de Malines, à Brèches, Indre-et-Loire.
Van Vacrenbergh (Maria), de Malines, à Brèches, Indre-et-Loire.
Van Vacrenbergh (Elisa), de Malines, à Brèches, Indre-et-Loire.
Van Win (Régina), de Malines, à Montigny, Sarthe.
Van Wezemael (Edmond), de Saint-Gilles, à Doucelles, Sarthe.
Van Wezemael (Maria-Léonina), de Saint-Gilles, à Doucelles, Sarthe.
Van Wezemael (René), de Saint-Gilles, à Doucelles, Sarthe.
Van Wazemael (Maria), de Saint-Gilles, à Doucelles, Sarthe.
Van Wezemael (Joseph), de Saint-Gilles, à Doucelles, Sarthe.
Van Zandycke (Philemon) et enf., de Leedeberghe, à . . ., Bouches-du-Rhône.
Vekemans (François), de Bruxelles, à Mamers, Sarthe.
Vekemans (Elisabeth), d'Hombeek, à Mamers, Sarthe.

Vekemans (Rosalie), d'Hombeek, à Mamers, Sarthe.
Vekemans (Marie), d'Hombeek, à Mamers, Sarthe.
Vekemans (François), d'Hombeek, à Mamers, Sarthe.
Vein (Albert), de Belgique, à Chitry-les-Mines, Nièvre.
Veraa (François), d'Hoboken, à Mamers, Sarthe.
Veraa (Constance), d'Hoboken, à Mamers, Sarthe.
Veraa (Marie), d'Hoboken, à Mamers, Sarthe.
Veraa (Bénédictus), d'Hoboken, à Mamers, Sarthe.
Veraa (Jeanne), d'Hoboken, à Mamers, Sarthe.
Verwloet (Célina), de Hancs, à Mamers, Sarthe.
Verplancke (Louis), de Gand, à Beauvoir, Sarthe.
Verschemout (René), de Bruges, à Mamers, Sarthe.
Verhoven (Charles), d'Anvers, à Courgains, Sarthe.
Verwort (Pierre) et fam., de Malines, à Pussay, Seine-et-Oise.
Verkissin (Camille), de Melle, à Courcelles, Indre-et-Loire.
Verheust (Gérard), de Wetteren, à Orléans, Loiret.
Vergnon (Marie), de Trazegnies, à Mas-d'Orcières, Lozère.
Vervondel (Théophile), d'Houtein, à Nesles, Seine-et-Marne.
Verniers (Cyrille), d'Aygem, à Saint-Siméon, Seine-et-Marne.
Vigneron (Raymond), de Jeumont, à La Membrolle, Indre-et-Loire.
Vigneron (Henriette), de Jeumont, à La Membrolle, Indre-et-Loire.
Vigneron (Hippolyte) de Jeumont, à La Membrolle, Indre-et-Loire.
Vigneron (Aline), de Jeumont, à La Membrolle, Indre-et-Loire.
Vignoble (Maxime), de Meslin-l'Evêque, à Nesles, Seine-et-Marne.
Vilder (Georges de), de Gand, à Beauvoir, Sarthe.
Vilder (Armand de), de Gand, à Beauvoir, Sarthe.
Vingt-Deux (Clovis), de Petite-Chapelle, à Beaumont, Sarthe.
Viroux (Emile), de Fosse, à Marzy, Nièvre.
Volkaert (Léonard), de Gand, à Couesmes, Indre-et-Loire.
Vriamont (Liboire) et fam., de Lincent, à Marseille, Bouches-du-Rhône.
Vriendt (Gustave), de Vierzeele, à Nesles, Seine-et-Marne.
Wagnies (Emile), de Meslin-l'Evêque, à Nesles, Seine-et-Marne.
Wagnies (Alexandre), de Meslin-l'Evêque, à Nesles, Seine-et-Marne.
Wanthy (Rosalie), de Villers-Poterie, à Tours, Indre-et-Loire.
Wanty (Lucienne), de Requignies, à Ardentes, Indre.
Wanty (Marcel), de Requignies, à Ardentes, Indre.
Wanty (Suzanne), de Requignies, à Ardentes, Indre.
Wanthy (Zélic), de Villers-Poterie, à Tours, Indre-et-Loire.
Watticamps (Bruno), d'Aulnois, à Tours, Indre-et-Loire.
Watticamps (Marie), d'Aulnois, à Tours, Indre-et-Loire.
Wauzelles (Jules), de Sottegen, à Landiras, Gironde.
Wellems (Anne), d'Eppeghem, à Grandchamp, Sarthe.
Wellems (Clément), d'Eppeghem, à Grandchamp, Sarthe.
Wellems (Françoise), de Vilvorde, à Grandchamp, Sarthe.
Wellems (François), d'Eppeghem, à Grandchamp, Sarthe.
Wellems (Jean), d'Eppeghem, à Grandchamp, Sarthe.
Wellems (Henri), de Vilvorde, à Grandchamp, Sarthe.
Wellems (Jean-Baptiste), d'Eppeghem, à Grandchamp, Sarthe.
Wellems (Maria), d'Eppeghem, à Grandchamp, Sarthe.
Wellems (Suzanne), d'Eppeghem, à Grandchamp, Sarthe.
Wellems (Séraphine), d'Eppeghem, à Grandchamp, Sarthe.
Wellems (Anne), d'Eppeghem, à Grandchamp, Sarthe.
Wernaerts (Jan) d'Ypres, à Rouvray-Sainte-Croix, Loiret.
Willems (Eugène), de Hokheim, à Marseille, Bouches-du-Rhône.
Wilde (Casimir de), de Gand, à Orléans, Loiret.
Willeur (Anna), de Malines, à Brèches, Indre-et-Loire.
Wilmart (Augusta), d'Hornu, à Neuillé-Saint-Pierre, Indre-et-Loire.
Williot (Floriska), de Bersilliès-l'Abbaye, à Esvres, Indre-et-Loire.
Williot (Marie), de Bersilliès-l'Abbaye, à Esvres, Indre-et-Loire.
Williot (Alexandre), de Bersilliès-l'Abbaye, à Esvres, Indre-et-Loire.
Wit (Pierre de), d'Hoboken, à Mamers, Sarthe.
Wit (Marie de), d'Hoboken, à Mamers, Sarthe.
Witt (François de), de Belgique, à Villeneuve-Saint-Georges, Seine-et-Oise.
Witt (Joseph de), de Leede, à Pussay, Seine-et-Oise.
Wittman (Camille) et fam., de Roux, à Bègles, Gironde.
Wolf (Caroline de), de Malines, à Mamers, Sarthe.
Wolf (Florentine de), de Malines, à Mamers, Sarthe.
Wolf (Marie de), de Malines, à Mamers, Sarthe.
Wolf (Pierre de), de Malines, à Mamers, Sarthe.
Wolf (de Jacques), de Malines, à Mamers, Sarthe.
Wuilbert (Lucien), de Grandrieu, à Chartronges, Seine-et-Marne.
Wuilbert (Elise), de Grandrieu, à Chartronges, Seine-et-Marne.
Wuilbert (Jenny), de Grandrieu, à Chartronges, Seine-et-Marne.
Yscbaert (Henri), de Gentbrugge-lez-Gand, à Couesmes, Indre-et-Loire.
Zimmermans (Jules), de Warcbin-lez-Tournay, à Baraize, Indre.
Zimmermans (Jean-Baptiste), de Tournay, à Baraize, Indre.
Zimmermans (François), de Tournay, à Baraize, Indre.
Zimmermans (Philippe), de Tournay, à Baraize, Indre.
Zimmermans (Félix), de Tournay, à Baraize, Indre.

IMPRIMERIE NATIONALE. — 10-1914.

9 782019 910709